EL GOBIERNO DE LA REPÚBLICA

MANUEL CHAVES NOGALES

EL GOBIERNO DE LA REPÚBLICA

ENTREVISTAS A SUS DIRIGENTES

PÁGINA INDÓMITA

© de la presente edición, PÁGINA INDÓMITA, S.L.U., 2026
Providencia 114 bis, 4° 4ª. 08024 Barcelona
www.paginaindomita.com

Diseño de cubierta y composición: Ángel Uzkiano
Impresión y encuadernación: Romanyà Valls
Primera edición: marzo de 2026

ISBN: 979-13-990995-4-6
Depósito legal: C-2014-2025

ÍNDICE

NOTA A LA PRESENTE EDICIÓN

El advenimiento de la Segunda República Española constituyó el desenlace de una prolongada crisis de la monarquía de Alfonso XIII: tras la dimisión de Primo de Rivera en enero de 1930 y el comienzo de la «dictablanda» de Berenguer, los representantes de casi todos los partidos republicanos alcanzan en el mes de agosto el Pacto de San Sebastián, donde establecen la estrategia a seguir para poner fin a la monarquía y proclamar la Segunda República.

Meses más tarde, en octubre, se suman al Pacto el PSOE y la UGT. Y para dirigir la acción se forma un comité revolucionario, que está integrado por Alcalá-Zamora, Azaña, Lerroux, Maura, Marcelino Domingo y otros, por parte de los republicanos, y Largo Caballero, Indalecio Prieto y Fernando de los Ríos por parte de los socialistas. El objetivo es organizar una huelga general y, al mismo tiempo, una insurrección militar. Pero la primera no llega a declararse y la segunda, la sublevación de Jaca en diciembre, fracasa, tras lo cual algunos miembros del comité revolucionario son detenidos, mientras que otros logran esconderse o huir del país.

Acto seguido, a principios de 1931, Alfonso XIII intenta restaurar la normalidad política nombrando nuevo presidente al almirante Juan Bautista Aznar, cuyo gobierno de concentración convoca elecciones municipales para el 12 de abril. En estas, los monárquicos no son derrotados en votos totales, pero la victoria republicana es rotunda en las grandes ciudades y simbólicamente decisiva: el resultado se interpreta como un plebiscito contra el rey. Dos días más tarde, el 14 de abril, tiene lugar la proclamación de la República, la formación de un gobierno provisional y la salida de Alfonso XIII del país.

El gobierno provisional, compuesto por la coalición de republicanos y socialistas, se propone modernizar el Estado, y aborda la cuestión regional, el poder de la Iglesia, la reforma agraria, la democratización del ejército y la ampliación de derechos sociales. Asimismo, se convocan elecciones a Cortes Constituyentes, que se celebran en junio de 1931 y dan la victoria a las fuerzas republicano-socialistas.

En esas fechas, Manuel Chaves Nogales se halla en el momento álgido de su carrera. Es redactor jefe y subdirector de *Ahora,* el periódico liberal que, con un espíritu imparcial e independiente, acaba de ser fundado por Luis Montiel, y que se posiciona del lado del nuevo régimen.

Con el objetivo de clarificar para los lectores de *Ahora* el ambicioso programa de reformas y la postura del gobierno provisional, Chaves Nogales entrevista a sus dirigentes más destacados, que detallan las políticas que marcarán el primer bienio. Así, entre el 8 de noviembre y el 20 de diciembre ven la luz las siete entrevistas que conforman el presente volumen: a Manuel Azaña, presidente del Consejo de Ministros; Alejandro Lerroux, ministro de Estado y jefe del Partido Republicano Radical; Largo Caballero, ministro de Trabajo; Fernando de los Ríos, ministro de Justicia; Marcelino Domingo, ministro de Instrucción Pública; Niceto Alcalá-Zamora, Presidente de la República, y, por último, Francesc Macià, quien no es miembro del gobierno pero es entrevistado por su relevancia como presidente de la Generalidad de Cataluña.

En las entrevistas, Chaves Nogales muestra su afinidad y su simpatía con el nuevo régimen. Prácticamente desaparece como entrevistador, como es su costumbre, pues elimina sus preguntas para dejar todo el protagonismo a los entrevistados. Sin embargo, se nota claramente la mano de nuestro autor en la forma en que dichos entrevistados se expresan.

Las dos últimas conversaciones, con Alcalá-Zamora y Macià, son posteriores al 9 de diciembre, fecha en la que las Cortes Constituyentes aprueban la Constitución española, que establece un Estado democrático y laico, reconoce el sufragio femenino, amplias libertades públicas y un sistema autonómico. Además, el día 16 se constituye el primer gobierno ordinario de la República, con el que se abre el primer bienio o bienio reformista.

Poco después, a finales de marzo y principios de abril de 1932, Chaves Nogales cubre como enviado especial del diario *Ahora* el viaje oficial que el presidente de la República, Niceto Alcalá-Zamora, hace al Levante español. Aquí publicamos como adenda una selección de esas crónicas del autor, que dan cuenta del entusiasmo republicano con que las multitudes reciben al presidente y su séquito.

El volumen, en su conjunto, nos da una idea de las ilusiones y grandes expectativas despertadas por la República en sus inicios, antes de la decepción, del acoso de los extremismos y del deterioro de la convivencia que pronto iba a asomar y que terminaría conduciendo al desastre final.

EL GOBIERNO DE LA REPÚBLICA

EL PENSAMIENTO POLÍTICO DE MANUEL AZAÑA, PRESIDENTE DEL CONSEJO[1]

Ahora, 8 de noviembre de 1931

A punto ya de terminarse en las Cortes constituyentes la discusión del Código fundamental del Estado republicano, hemos creído que podíamos hacer un gran servicio a la opinión yendo a preguntar a los hombres que gobiernan España cuál es su pensamiento, qué es lo que quieren hacer, cuál es el esquema intelectual de su país tal como lo han concebido al contraer la enorme responsabilidad de torcer el rumbo de la nación.

Gobierna hoy España un hombre cuyas condiciones de gobernante eran, no hace más que unos meses, absolutamente desconocidas para la gran masa; su nombre mismo apenas había trascendido del círculo estrecho de una aquilatada devoción literaria. Este hombre, don Manuel Azaña, se encarga del Ministerio de la Gue-

---

1. El titular original del diario *Ahora* rezaba lo siguiente: «El presidente del Consejo habla a los lectores de *Ahora.* —Don Manuel Azaña hace a uno de nuestros redactores las interesantísimas declaraciones, que publicamos en las páginas 3, 4 y 5, sobre su concepto general de la gobernación del país y su pensamiento acerca de los problemas del momento: cuestión económica, reforma fiscal, reforma agraria, orden público, cuestión militar y decreto de funcionarios». *(N. del E., como todas las que siguen en este volumen.)*

15

rra[2] al ser derribada la Monarquía y al día siguiente acomete la reforma militar más vasta y audaz que se ha planteado en país alguno de Europa. En unos meses el ministro de la Guerra de la República realiza su pensamiento y da un tajo decisivo al secular problema del ejército. ¿Acertado? ¿Erróneo? La opinión del país, representada en las Cortes constituyentes, sanciona favorablemente la gestión del señor Azaña al poner en sus manos el poder, aprovechando la primera vez que se plantea el problema del gobierno después de la proclamación de la República.

¿Cuál es el pensamiento íntimo del presidente del Consejo sobre la gobernación del país? ¿Cómo formula su concepción del futuro Estado español? ¿Con qué criterio piensa abordar los problemas pendientes?

Hemos ido a preguntárselo.

Y ha tenido a bien contestarnos.

La cuestión militar

El origen de la preponderancia del ejército

Punto de partida de la exaltación de don Manuel Azaña a la presidencia del Consejo es, pues, su gestión ante el problema militar. Abordemos previamente este problema militar:

—¿Por qué lo ha enfocado usted así? ¿No se podía haber resuelto de otra manera? ¿Cree usted que ha quedado definitivamente resuelto con sus reformas? ¿Cuál va a ser la política militar de España?

2. Además de presidente del Consejo de Ministros (desde el 14 de octubre), Azaña era desde el 14 de abril ministro de Guerra (ocuparía ambos cargos hasta el 12 de septiembre de 1933).

16

—El problema militar tal como se lo ha encontrado planteado la República era el resultado de una equivocada dirección del Estado español en esta materia, desde la implantación del régimen constitucional, o sea desde hace más de un siglo.

»Al desaparecer el régimen de Monarquía absolutista —el verdadero antiguo régimen—, el Estado parlamentario liberal era sumamente débil, porque estaba en manos de unos centenares de familias burguesas y le faltaba el apoyo de las instituciones tradicionales de España, y no contaba tampoco con las masas populares, que no eran liberales, ciertamente, sino absolutistas y fanatizadas.

»En esta situación, no teniendo el Estado parlamentario liberal organizadas sus jerarquías propias ni arraigadas sus instituciones en el país, la fuerza militar, o sea el ejército, que era el único resorte poderoso que le quedaba al gobierno, adquirió dentro de la sociedad española una posición preponderante y decisiva. Era decisiva la preponderancia del ejército en las luchas entre los partidos parlamentarios, y era decisiva la importancia del ejército en las luchas dinásticas. La guerra civil entre doña Isabel y don Carlos fue sostenida por los elementos militares en ambos bandos, y la conclusión de la guerra civil, mediante un pacto, incorporó al ejército nominalmente constitucional muchos elementos que habían hecho la campaña carlista. De esta manera, la dinastía tenía que contar, como con un colaborador indispensable, con la adhesión de los caudillos militares, y los partidos también contaban con ellos para intimidar a la persona reinante y, a la sombra de un militar influyente, llegar al poder.

El militarismo palatino o el problema militar
de la Restauración y la Regencia

»De estas circunstancias, que no vale la pena de puntualizar más, vino todo aquel régimen de militarismo palatino y de conspiración en los cuarteles, que tenía por característica, para diferenciarse del golpe de Estado de Primo de Rivera, el ser provocado y aprovechado por partidos políticos del régimen. Esta situación se prolongó a través de la Restauración, que se originó, como nadie ignora, de un pronunciamiento militar aprovechado por los partidos alfonsinos. El problema que tuvo que resolver la Restauración en relación con el ejército fue el de asegurarse su obediencia y el de romper la tradición de militarismo en combinación con los intereses de la dinastía. Este problema sólo lo resolvieron la Restauración y la Regencia de un modo aparente, satisfaciendo o adelantándose a satisfacer las ambiciones personales de los grandes caudillos del ejército, que apoyaban a los Borbones.

Insuficiencia técnica y exceso de personal

»Conviene advertir que cada vez que en estos asuntos se habla del ejército se toma la parte por el todo, porque rara vez todos los componentes del ejército, o sea la oficialidad y la tropa, han tomado verdaderamente parte principal en estos conflictos, que han sido siempre dirigidos y aprovechados por las altas jerarquías militares.

»A este aspecto político del problema militar hay que añadir el técnico profesional, que también estaba en malísimas condiciones, precisamente a causa de las guerras civiles y coloniales del siglo XIX. Desde la guerra de la Independencia el ejército español no ha tenido que intervenir en ninguna empresa militar de gran estilo, y ha sido empleado exclusivamente en las campañas coloniales o en las contiendas civiles, que, como nadie ignora, son malísimas escuelas de aprendizaje para la profesión.

»De las guerras coloniales se originó uno de los males más hondos que padeció el ejército, que era el exceso de personal, exceso que llegó a su mayor grado después de la guerra de Cuba.

Usurpación del poder militar por Primo de Rivera y el rey

»La intervención del ejército en el golpe de Estado de 1923 fue, más que nada, una usurpación del poder militar cometida por Primo de Rivera y sus colaboradores en connivencia con el rey; aprovecharon para ello, en primer término, el descontento del país por la situación política y utilizaron además la debida sumisión de los organismos militares a los poderes constituidos. Esta usurpación vino favorecida y preparada en cierto modo por la acción de las juntas de defensa, que nacieron a impulsos de un deseo de saneamiento de la institución militar, y como no podía menos de ser, lejos de producir este buen resultado, introdujeron el desbarajuste en la institución armada: la indisciplina y la coacción sobre los poderes legítimos del Estado.

El aspecto político y el profesional

»La República ha tenido que hacer frente a todos los aspectos de este problema. En el orden político, poniendo al ejército en las condiciones legales y morales de adhesión al régimen constituido, y reduciéndolo a sus funciones propias, que son la preparación de los hombres para la guerra; y en el aspecto profesional, reorganizando la estructura militar de España con la mira puesta en mejorar la instrucción del mando y de la tropa, y en la dotación de los elementos materiales necesarios para que las unidades que subsisten puedan llenar cumplidamente su cometido.

Por qué se suprimieron las capitanías generales

»Ha sido, por tanto, menester suprimir del ejército todo lo que era supervivencia histórica y constituía un verdadero anacronismo en la organización del Estado español, como las antiguas capitanías generales de las regiones, que eran verdaderos virreinatos, en los que el capitán general no sólo tenía las atribuciones propias del mando militar, sino que intervenía en la justicia, en los conflictos sociales, en la acción gubernativa del Estado y preponderaba sobre todos los demás órganos representantes o delegados del poder central.

»Se ha reformado la justicia militar, reduciéndola a sus verdaderos límites, o sea el límite propiamente militar, suprimiendo la atracción del fuero de guerra. Se han reducido en el Estado Mayor General las categorías superiores, poniendo por límite a la carrera militar el empleo de general de división, en consonancia con la organización divisoria.

Los soldados que pueda dar y sostener el país

»Se ha hecho una reforma total de la organización, dejando las unidades en el número correspondiente al rendimiento de la población española y a los recursos que normalmente pueda votar el Parlamento, con lo que se obtiene la ventaja de, con menos gastos, instruir eficazmente a mayor número de hombres.

»Había regimientos que contaban con ochenta hombres; actualmente ningún regimiento tiene menos de mil doscientos soldados.

La ley del retiro es la más generosa que se ha dictado en país alguno

»El problema de exceso de personal, que era el de más bulto para el público, se ha resuelto mediante la Ley de Retiro Voluntario, que es la más generosa que ha dictado ningún país de Europa cuando se ha visto en la necesidad de reducir su organización militar. Además de la economía que desde ahora se obtiene en el presupuesto con el retiro de unos diez mil oficiales, representa esta operación, para el Tesoro público, un ahorro de seiscientos cincuenta millones de pesetas, en los años que transcurran desde el presente hasta que desaparezca el último oficial acogido a la Ley de Retiro.

Cómo se está modificando el reclutamiento de la oficialidad

»Además de esto, en el orden profesional, se está variando el reclutamiento de la oficialidad; se ha suprimido la diferencia de escalas activa y de reserva, que era una monstruosidad exclusiva del ejército español. Se abrirá la escala activa a las clases de tropa. Se ha creado un centro de estudios superiores militares para la selección de los altos mandos; se han dictado también instrucciones, que ya se están poniendo en práctica, para la realización periódica de ejercicios en los cuerpos que servirán de base para la calificación de los oficiales, con notas que se tendrán presentes para su ascenso a los grados superiores de la milicia; se ha emprendido la mejora de los acuartelamientos, y desde este presupuesto comienza la adquisición de material moderno de campaña, cuya renovación total es urgente e indispensable.

Para el porvenir, selección en los mandos y robustecimiento moral

»Cumplidas estas reformas y las que están en proyecto, es preciso no perder de vista que el problema del ejército en España estará ya en vías de solución y que habrá de enfocarse sobre dos puntos capitales: el problema de la selección de los mandos y el problema del robustecimiento moral y espiritual de la institución militar. El mando no consiste solamente en la posesión de las insignias, sino en la competencia profesional y la autoridad moral; y la disciplina no es sólo el resultado de la obediencia ciega a la ordenanza, sino la adhesión espiritual al régimen y a la causa nacional, que el ejército está llamado a defender en paz y en guerra.

No gobierno enteramente según mis ideas personales

»Que yo me haya encargado del poder ha sido, como nadie ignora, absolutamente en contra de mi voluntad, y estoy convencido de que prematuramente. Yo no voy a decir que me repele el ejercicio del poder, porque no tendría sentido tomar parte principal en la política si no tuviera uno la convicción de que su paso por el poder puede ser útil a la nación. Que mi elevación a la presidencia del gobierno sea prematura no depende de que yo me considere un político en agraz, sino de que no gobierno, ni enteramente según mis ideas personales, sino muy gustosamente sujeto a la disciplina de una coalición y sostenido por un parlamento cuya mayoría se forma también de partidos coaligados.

»En estas condiciones, la acción del gobierno que presido tiene que condensarse principalmente en los problemas que hemos heredado. Estos problemas son, en primer término, el del orden público, el económico, la reforma agraria y los Estatutos. No hablo del problema constitucional porque ya está en vías de llegar a término.[3]

El mantenimiento del orden

Se creía que la República favorecería la indisciplina social

»El orden público tiene una importancia excepcional para la República, porque la campaña que contra el nuevo ré-

3. Como ya se ha dicho, la Constitución española sería aprobada por las Cortes Constituyentes un mes más tarde, el 9 de diciembre.

gimen se ha hecho desde antes de su implantación pretendía fundarse cabalmente en el temor de que la República favorecería la indisciplina social, y no tendría medios de imponer la ley ni tampoco de mantener la cohesión que la nación española necesita.

»Naturalmente, la República tiene por base un concepto de la libertad personal en todas sus manifestaciones, y en lo que respecta al orden político más singularmente, respeto a la libertad de opinión, de manifestaciones, etc. Estas libertades, así como los derechos consignados ya en las leyes en materia social, han de ser escrupulosamente respetados por el régimen republicano; pero se entiende que ha de desenvolverse dentro de la más estricta legalidad.

La República no puede permitir que se relajen los resortes de la autoridad

»Sería erróneo el suponer que una República nacida de una revolución pueda o deba permitir que en las manos del gobierno se relajen los resortes de la autoridad y del mando. Cabalmente ha de ocurrir lo contrario, y a una mayor libertad, con la consiguiente responsabilidad en los ciudadanos y en los gobernantes, ha de ir aparejada una disciplina política y social mucho más rígida que en los regímenes que se mantenían sobre la autoridad de la tradición. Esta disciplina ha de fundarse en el cumplimiento del deber cívico. Yo no creo que el principio de autoridad sea un ente metafísico al que se deban ofrendar periódicamente sacrificios sangrientos, ni creo tampoco que la autoridad de un gobierno se fortalece vociferando desde las alturas del poder disposiciones tremebundas. La autoridad nace del cumplimiento del deber, porque el principio de un régimen libre es puramente moral, y únicamente como un resultado o un reflejo de la sumisión al deber moral nacen la respetabilidad y el prestigio de quien gobierna. Asimismo, la energía en el mando tiene más de silenciosa que de ruidosa, y la impresión de sentirse gobernados no nace de la presencia continua de la acción gubernamental en la conciencia de los ciudadanos, sino del descanso que produce la vigilancia del gobierno, que sabe no correr detrás de los conflictos, sino conjurarlos e impedir que se produzcan.

»El gobierno mejor será aquél que, como un órgano fisiológico sano, funcione bien y no se deje sentir. En estas ideas se funda el concepto que tengo yo del orden público y de los medios de mantenerlo dentro del régimen actual.

»Es, por otra parte, una cosa manifiesta que las alteraciones ocurridas en España desde el advenimiento de la República son, por su fondo y sus consecuencias, de poca importancia, y que nadie que sea sincero podrá negar que hace siete u ocho meses hubiera tenido por imposible que la República llegase hasta donde ha llegado sin ningún trastorno grave, ni político ni social.

El problema económico

»Este aseguramiento del orden público se enlaza directamente con el problema económico general, que tiene dos aspectos: la restauración de la Hacienda pública, maltratada por diez años de dictadura, y el restablecimiento de la confianza, para que los negocios recobren su actividad. Frente a estas cuestiones, estimo indispensable que, con toda urgencia, las Cortes voten un presupuesto nivelado, en el que, mediante el sacrificio fiscal posible, se dé el primer paso para la normalización de la vida económica del Estado español; y, en conjunción con esto, que se realice la reforma agraria que ha de llevar a los campos andaluces y extremeños, con medios de trabajo y de mejoramiento de los campesinos, un orden nuevo que asegure la paz social.

Ni el Presupuesto ni la Reforma Agraria serán leyes de despojo

»Debe tenerse presente que ni el presupuesto ni la ley agraria podrán constituir leyes de despojo, sino de reforma social justísima y de restablecimiento de la normalidad hacendística española, mediante reorganización de los servicios y reforma de los tributos. Se pedirá a la riqueza española el sacrificio que sea necesario, pero determinándose exactamente los límites del sacrificio, de modo que todo el mundo pueda saber la cuantía del que le corresponde, desapareciendo el estado de alarma que con fines de descrédito se pretende difundir entre las clases poseedoras. Es decir, que, tanto en el orden fiscal como en el de reforma del régimen territorial, todo el mundo deberá saber que el sacrificio que se imponga es la garantía y el seguro para conservar lo restante de su posición o de su fortuna.

»La nivelación del presupuesto, a la que estoy decidido a llegar a toda costa, es el primer escalón para el saneamiento financiero de España e incluso para el saneamiento de su moneda. Se restablecerá con ello el crédito del Estado y será posible pensar, para dentro de algunos meses, en las operaciones necesarias para dar un gran impulso al trabajo nacional y al desenvolvimiento de los recursos naturales del país.

La reforma de la Administración

»La reforma ya decretada en la Administración pública es un primer paso para la transformación completa de los servicios del Estado. Las Cortes son las que han de decir sobre el caso la última palabra, cuando se vote el presupuesto; pero es preciso tener en cuenta que el gobierno está decidido a aplicar, en los respectivos ministerios y servicios de ellos dependientes, el principio en que se inspira el decreto del 28 de octubre, sin que esta aplicación pueda parecer un atrevimiento ni una empresa del otro jueves.

El decreto de funcionarios

Fantasías sobre el decreto de funcionarios. Lo que es inatacable

»Acerca del decreto de funcionarios se han dicho demasiadas cosas, que no están ni en su texto ni en su intención. El aumento de días y de horas de trabajo es una reforma inatacable y que no consiste más que en poner a los funcionarios públicos en el mismo pie de rendimiento que están todos los trabajadores de la nación, y todavía se queda por bajo si se les compara a lo que sucede en la Administración pública de otros países extranjeros. Asimismo es inatacable cuanto en el decreto se dispone respecto a la celeridad en el despacho de los asuntos, a la intervención del público en la rapidez y tramitación de los expedientes y en los recursos que se conceden a los interesados cuando se quedan desatendidos en sus derechos.

El funcionario debe vivir
exclusivamente de su función

»El principio que debe inspirar una buena reforma de la Administración, en lo que atañe al personal, es que el funcionario público viva exclusivamente de su función, que tenga conciencia profesional y que se entere de que es un colaborador del gobierno y un servidor del interés público.

»También estoy convencido de que las leyes y reglamentos más rigurosos y terminantes servirán de poco si los funcionarios, en vez de guiarse por su conciencia profesional, se abstienen de colaborar en el mejoramiento de los servicios.

La norma que se seguirá
en las reducciones de personal

»En cuanto a las reducciones de personal proyectadas, que ya se están aplicando en cada ministerio para el futuro presupuesto, significan un principio o regla general, pero nunca podrán conducir a la desorganización de los servicios, ni puede suponerse que impidan la creación de otros servicios nuevos exigidos por la ampliación y el desarrollo de los fines del Estado.

»Dentro del criterio de mejorar a las clases de funcionarios públicos, el gobierno está decidido a llegar al límite que la situación del presupuesto consienta; pero no debe perderse de vista que en la crisis actual, tanto en España como en el mundo, nadie que viva de su trabajo puede aspirar de momento a un mejoramiento rápido de su condición actual ni a crearse un nivel de vida superior al que cada uno ha venido teniendo, y harto será que podamos conservarlo.

Con qué criterio se ha de gobernar

Nada de ideales inasequibles que, al final, llevan a la desesperanza y al pesimismo

»Yo tengo una gran confianza en el porvenir de España, si este porvenir no se entiende como una nueva era de expansión internacional y de conquista, que es en lo que han solido hacer consistir el ideal español las generaciones que nos han precedido. De presentar a los españoles, como propio de su nación, ese ideal inasequible, nacían, al confrontarlo con la realidad, la desesperanza y el pesimismo que han dominado en los directores de la política española, y aun en todo el pueblo español, durante el siglo pasado.

»Creo en el porvenir de España porque creo en las virtudes naturales de mi pueblo, en su innato sentido de la justicia y en su fundamental honradez, bien patente en los puntos de vista éticos que suele tener para juzgar las cuestiones de gobierno.

Al cabo de cuatro siglos, el pueblo español va a gobernarse por sí mismo

»Creo asimismo en el porvenir del pueblo español, porque es ahora, al cabo de cuatro siglos, cuando se va a hacer la experiencia de que el pueblo español se gobierne por sí solo. Estoy persuadido de que dejando a los españoles dirigirse por sí mismos, según su propia manera de ser, que no está vinculada con ninguna dirección histórica de la política española, se gobernarán bien, y que si España no puede ni debe pensar en reconstruirse una posición preponderante en el mundo, tiene, en cambio, inmensas conquistas que realizar y nuevos descubrimientos que hacer en el orden social, en las ciencias, en las artes, en la dignificación del trabajo; es decir, en el orden de la civilización.

Una nueva manera de hablar desde el gobierno

»Es evidente que esta manera de concebir la política en España tiene cierta novedad cuando se proclama desde el gobierno, pero es también evidente que la transformación del espíritu público español, iniciada, como todos sabemos, en los comienzos de este siglo, no había conseguido hasta ahora hacerse notar en las esferas del gobierno; y que sólo cuando llegan al poder las generaciones educadas en estos últimos veinticinco años, lejos de todo compromiso con los partidos y los sistemas en vigor durante la Monarquía, puede pensarse en llevar a la gobernación del Estado aquellas normas nuevas que han venido laborándose en su espíritu, y que van a conducir a poner la política y el gobierno en el mismo nivel que las demás actividades espirituales de la nación.

Esquema intelectual del porvenir español

Horizonte remoto

»Quizá le está reservado a España hacer pacíficamente el primer ensayo de transformación social de un pueblo, porque yo no puedo estimar que la revolución comenzada el 14 de abril se concluya con el voto de una Constitución y de unas leyes orgánicas, ni con el funcionamiento de un régimen que, si no tuviese un horizonte más remoto y un norte más elevado, correría el peligro de anquilosarse en una vida de pequeño burgués.

El sentido íntimo del poder

»Yo soy político porque soy optimista, y creo que la función del gobernante —que no es la misma que la del político— tiene que consistir en llevar el esquema intelectual de su país futuro a la realidad social o legislativa. El apartamiento voluntario en que yo he vivido durante veinticinco años, dedicado a las letras y al estudio y conocimiento de mi país y de otros extranjeros, me han dado esta confianza que me enseña a no conceder importancia a las mezquindades personales, y a lo que suelen llamar enojos y pequeñas pasiones de la política, y a atenerme a sus fines esenciales y duraderos que, para un hombre cultivado y sensible, representan un armazón interior equivalente al del Arte o al de la Religión.

CÓMO PIENSA GOBERNAR
ALEJANDRO LERROUX, MINISTRO
DE ESTADO[1]
Ahora, 15 de noviembre de 1931

Lerroux es en estos momentos la clave del arco. De un lado, las fuerzas burguesas —conservadoras y liberales—, que van poco a poco sumándose al régimen y erigiéndose en su soporte de la derecha, y de otro lado, las masas proletarias, cifradas gubernamentalmente en el socialismo, que construyen el pilar de la izquierda de la República, descargan sus presiones en este punto de convergencia que es Lerroux, el más genuino representante del republicanismo histórico español.[2] Desde que se proclamó la República

1. El titular original del diario *Ahora* rezaba lo que sigue: «Don Alejandro Lerroux dice a los lectores de *Ahora* cómo piensa gobernar.—El jefe del Partido Radical hace a uno de nuestros redactores las interesantísimas declaraciones, que publicamos en las páginas 3, 4 y 5, sobre su pensamiento político y sobre la actitud de su partido».

2. Lerroux, quien era junto con Azaña el republicano por excelencia, y su partido (el Partido Republicano Radical) jugaron un papel destacado en el advenimiento de la República. Tras las dudas sobre qué papel asignarle en el gobierno provisional, se optó finalmente por que se hiciese cargo de la cartera de Estado (Asuntos Exteriores). Ocupó el puesto hasta diciembre de 1931, cuando abandonó el gobierno de Azaña debido a importantes desacuerdos políticos, y pasó con su partido a la oposición. Posteriormente, ejercería la presidencia del gobierno en tres ocasiones, entre 1933 y 1935.

hasta este momento, Lerroux ha venido soportando la presión, cada día más fuerte, de los de uno y otro lado, y, aun arrostrando el riesgo de defraudar a todos, ha sabido mantener la equidistancia, merced a una actuación prudente y a una inhibición ocasional. Pero en los últimos tiempos esta actitud de reserva ha empezado a hacerse insufrible para una parte de la opinión. «Señor Lerroux, a la lucha», le dicen con caracteres de ultimátum los que quieren verle definitivamente lanzado en una u otra dirección. Y para constreñirle, le amenazan: «Cuidado; su momento puede pasar».

Esta situación equidistante, que, a despecho de la pasión política, sólo ha podido ser mantenida gracias al aplomo y a la seguridad que tiene en sí mismo el caudillo radical, llega ahora a su término con la inminente aprobación del código fundamental del Estado republicano. En esta coyuntura, las palabras de don Alejandro Lerroux tienen un extraordinario valor de revelación para el porvenir inmediato del régimen.

He aquí lo que piensa Lerroux.

LA POLÍTICA INTERNACIONAL DE ESPAÑA

Los intelectuales presentan la República española al mundo

—Hasta ahora su actuación como gobernante se ha constreñido al desempeño de la cartera de Estado que se le asignó en el Gobierno provisional formado durante el período de conspiración.[3]

3. En referencia al ya citado Pacto de San Sebastián.

»¿Qué ha hecho Lerroux como ministro de Estado? ¿Cómo ha presentado a la República ante el mundo?

—Yo tuve en cuenta, tan luego me posesioné de la cartera de Estado, la necesidad de que España se presentase bajo la égida de las nuevas instituciones con una fachada que correspondiese no tanto a las realidades, que no son tan inferiores como se supone en el orden intelectual, como a las aspiraciones que tenemos respecto a un próximo porvenir, y, por tanto, aun teniendo en cuenta las conveniencias de partido, no puse mis ojos sino en aquellos hombres representativos que significan en la vida nacional altos valores intelectuales.

»Me parecía que era preferible llevar hombres que, sin experiencia diplomática, tuviesen esa representación intelectual de nuestra raza en forma tan elevada como la tienen, por ejemplo, hombres de la calidad de Madariaga, Pérez de Ayala, Alomar, Zulueta y otros.

»No tuve en cuenta intereses de partido más que para entregar la representación de España en Portugal a un correligionario mío que tiene altas condiciones y está muy versado en asuntos de derecho internacional: el señor Rocha.

»En efecto, se pudo notar inmediatamente, por el resultado de los reconocimientos que se apresuraron a hacer en los países extranjeros de las nuevas instituciones, la influencia de esta portada con que nosotros nos presentábamos en el mundo.

Rompí ante el mundo la tradición de servidumbre y España recobró el decoro de su independencia

»Inmediatamente tuve ocasión, porque las circunstancias cronológicamente lo depararon así, de comparecer con la representación de España en la Sociedad de Naciones, y como allí se habían acostumbrado a que España careciese de personalidad y no fuese otra cosa que corifeo, escolta, servidor, con todo el decoro de un alto servidor, pero servidor al fin, de otros intereses, cuando yo rompí esa tradición y coloqué el nombre de España en el lugar que correspondía al decoro de su independencia, noté inmediatamente como un suspiro que henchía de satisfacción los corazones de muchas representaciones extranjeras, y singularmente de las representaciones de la América española.

Estaremos al lado de todos los pueblos
que entreguen sus diferencias al arbitraje
de la inteligencia

Solidaridad internacional para la paz entre todos los pueblos

»La política a realizar, lo mismo en España que en Ginebra, desde el departamento ministerial, no podía ni puede tener para nosotros, un país nuevo, una democracia virgen en la obra de gobernar, más que una orientación; la de la solidaridad internacional, con una finalidad: la de la paz entre todos los pueblos.

»A título de demócrata, yo pongo más fe para la obra de la paz en la inteligencia de las democracias que en la de los Gobiernos y en la de los Estados; pero aun así, reconozco que mientras las democracias no estén suficientemente organizadas para una obra de coordinación internacional, ha de empezarse a trabajar a través del Estado, mediante los Gobiernos.

»España tiene dos misiones que cumplir en el mundo, fuera de sus fronteras: una, colaborar con todo el que se proponga entregar las diferencias entre los pueblos al arbitraje de la inteligencia; otra, emplear su influencia moral en todo el mundo donde se habla el idioma español.

»Para la primera creo haber dejado puesto en Ginebra un jalón que será difícil desclavar.

»Para la segunda estoy obteniendo demostraciones por la obra que realizan nuestros representantes diplomáticos, concreta y singularmente Álvarez del Vayo en Méjico, país con el que habíamos tenido algunas dificultades, y por un Cuerpo de cónsules que, aun cuando no son de origen republicano, están respondiendo en América muy bien a nuestras inspiraciones.

El ideal de una federación económica hispanoamericana

»La política que nos interesa para el porvenir no ha de estar basada exclusivamente en razones de orden sentimental, sino en motivos prácticos de orden económico, que vayan tejiendo la urdimbre sobre la cual un día podrán los pueblos que tienen de común el mismo idioma llegar a una inteligencia que tenga su expresión en los Tratados de reciprocidad para todos los órdenes: en la reducción, disminución o incluso desaparición de tarifas; en la comunidad de créditos de organizaciones bancarias, de cooperativas para la distribución de los productos y de las primeras materias; de cuanto, en fin, pueda hacer de pueblos que mantienen su independencia nacional una federación económica que llegue a adquirir una preponderancia sin aspiraciones de una hegemonía en el mundo.

El porvenir de Marruecos y los procedimientos democráticos en el Protectorado

Hemos de sostener Marruecos no como colonia, sino por su porvenir como país de tránsito

»A propósito de nuestra más inmediata expansión en el continente africano, sabido es que, tenido yo por un poco fantástico, vengo de antiguo defendiendo, frente a la inmensa mayoría de la opinión democrática, la necesidad de que España sostenga su posición en Marruecos.

»No me interesa Marruecos como colonia; me interesa Marruecos como posición de España que afirma un derecho histórico y que asegura para el porvenir esperanzas fundadas. De ahí el que yo preste el calor que me es posible —cuando no tengo otro, el de mi amistad— a todo el que tome iniciativas del carácter que tiene, por ejemplo, el proyecto de un túnel submarino bajo el Estrecho de Gibraltar. Me interesa este proyecto más que nada como un índice de lo que pudiera hacer el día de mañana España, pensando que somos un país de tránsito para las primeras materias de fuera hacia dentro de Europa, y hemos de serlo también para las primeras materias transformadas y elaboradas por la mano de obra, para que vayan a mercados como los que África nos ofrece. Me interesa África, como tránsito, ella misma, ya por las vías de comunicación que pudieran marchar por las orillas del Mediterráneo hacia Asia, ya por las que pudieran seguir las orillas del Atlántico a buscar la travesía marítima más corta para América.

Política civil en Marruecos y cautela
en la aplicación de los procedimientos democráticos

»Pero ante todo hay que afirmar nuestra situación en Marruecos. Afortunadamente, se ha iniciado allí una política civil, y sin hacernos la ilusión de que podamos llevar a esa zona los procedimientos políticos de carácter democrático privativos de pueblos que ya están en plenitud de desarrollo, hemos de realizar, sin embargo, una acción que vaya educando al pueblo musulmán con respecto de sus costumbres, de su idioma, de su religión y de su administración de justicia, para que pueda asimilarse sin violencias todas las ventajas de la civilización occidental.

Justicia social y respeto a la Ley

»Considero indispensable que en lo espiritual se mantenga una inteligencia con todos los elementos políticos que aceptan la República o la reconocen como un hecho histórico que no puede tener rectificaciones.

»La democracia, que no ha gobernado, hasta ahora, en España, necesita una larga etapa de experiencia para ir realizando una obra de transformación económica y social, porque nadie que tenga hoy la responsabilidad de gobernar puede, ni debe, perder de vista que uno de los ideales que debe brillar siempre sobre el horizonte sensible del hombre público es el de aproximarse tanto como sea posible a una realización progresiva de la justicia social. Pero esto requiere, en primer lugar, restablecer en España el orden jurídico, y supongo que no necesito aclarar el concepto. En segundo lugar, dar a la ley prestigios que en nuestro país no ha tenido nunca, o porque fue arbitrariamente impuesta o porque no contó jamás en su elaboración con la colaboración del pueblo.

»Solamente con estos dos factores en plenitud de función podrá tener la autoridad la fuerza moral indispensable para que las instituciones de todas clases en España sean acatadas, y produzcan la misma eficacia que en todos los demás pueblos donde la obra de la civilización se realiza sin espasmos ni violencias.

Socialización de la cultura. No hay analfabeto de mayor elevación espiritual que el español

»El desenvolvimiento de una política enunciada así ha de basarse, principalmente, en algo que pudiera llamarse socialización de la cultura, y entiendo por tal no precisamente el consagrarse con esfuerzo supremo a la multiplicación de los medios para propagar las primeras letras, porque no hay analfabeto de mayor elevación espiritual que el español, y lo que necesitamos, ante todo y sobre todo, es que la flor de la raza que empieza a educarse encuentre en la Segunda enseñanza, en la enseñanza superior y en la enseñanza especial, las facilidades y los medios indispensables para que la inmediata y las siguientes generaciones produzcan la cantidad de pensadores, de artistas, de ingenieros, de artífices de todas clases que necesitamos para poner en producción toda la riqueza que en potencia hay en el alma de la raza y en el seno de la tierra.

»Considero indispensable para prosperar en este camino la colaboración de todas las fuerzas políticas, porque el prescindir de una sola de ellas o el menospreciarlas significaría la necesidad de consumir grandes energías en defendernos de quienes así habríamos convertido en enemigos en lugar de ser socios en esta obra patriótica y nacional.

No quiero el Poder para monopolizarlo en beneficio de un partido

»Suponen algunos que el partido radical y yo en su representación tenemos ambiciones de Poder, para monopolizarlo en servicio de la colectividad política que yo creé. Y no me hacen justicia ni conocen los sueños generosos de mi juventud, que no he abandonado nunca.

»Me parecería imposible y absurdo tratar de gobernar exclusivamente con el partido radical. Habrá ocasiones en que las crisis políticas del porvenir entregarán el Poder a tal o cual fracción. Lo que interesa es que la fracción no se convierta en facción, y que esté dispuesta en todo momento a asistirse de todos los demás representantes republicanos, y, cuando sea llegado el momento, se preste a realizar la evolución indispensable para que se produzca la transformación económica, obra de la justicia social que necesitará ineludiblemente una participación importantísima del pueblo, por medio de sus organizaciones más características, los socialistas de una y otra tendencia, en el Poder público.

»Educar a esta y a la otra generación, por medio de la democracia, en el pensamiento de que no habrá España regenerada ni República consolidada mientras no marche la acción política, desenvolviéndose con más o menos dificultades y asperezas, pero con una tónica constante y continuada en esta dirección, es un deber que considero elemental en quienquiera que, terminada la obra de las Cortes constituyentes, asuma la función de gobernar.

Cómo podrá aplicar la Constitución
el gobernante inmediato

»No ha de ser fácil esta labor, porque el entusiasmo generoso de las Cortes constituyentes está elaborando un Código fundamental como para un pueblo que hubiese ya pasado por evoluciones que todavía tiene que realizar, y el gobernante inmediato tendrá que cumplir honradamente el deber de ser leal a esa ley fundamental, y, al mismo tiempo, encontrarle la flexibilidad indispensable para que precocidades perniciosas no malogren frutos que no pueden recolectarse en una cosecha.

El sacrificio que habrá de imponerse
a los de arriba y a los de abajo

Todos tendrán que sacrificarse: derechas e izquierdas

»Todos han de ponerse a contribución: derechas e izquierdas, socialistas e individualistas, porque estamos en un período de transición, de reforma trascendental que necesitará sacrificios de una y de otra parte, acoplamientos y adaptaciones que no podrán hacerse sin imponer sufrimientos a las distintas clases sociales, pero así se ha realizado la obra de la civilización y así continuará realizándose.

Sería una desdicha tener que encomendar
a la fuerza esta labor

»Lo que importa es hacer las cosas de manera que los mismos que tengan que sufrir la pesadumbre transitoria de estos sacrificios encuentren, haciendo examen de conciencia, una razón de justicia en las imposiciones de la ley. Sería una desdicha tener que encomendar a la fuerza la labor que pueden hacer la comprensión, la educación y la evolución política; pero cuando se advierte de qué manera admirable ha progresado el sentido político, el sentido moral del pueblo español, en el hecho mismo de la proclamación de la República, no puede desesperarse de que esta obra se haga con mucho menos esfuerzo y en mucho menos tiempo de lo que se presume.

»No será lícito imponer sacrificios a unas clases sin que las otras se los impongan al mismo tiempo y estén preparadas para que no se malogre el esfuerzo que la ley ha de hacer para que la justicia social se cumpla.

La voluntad de poder y el problema de gobierno

»Siento cómo llega hasta mí y me empuja la impaciencia de una opinión pública que me honra con su confianza. Pero yo no soy hombre, después de mis años de experiencia, que obra ciegamente entregado a impulsos ajenos. Tengo un plan. He formado una opinión y tengo adoptada una resolución.

El actual Gobierno debe dimitir al ser elegido el presidente de la República

»Delante de nosotros se levanta una incógnita que necesariamente ha de descifrarse en cuanto las Cortes constituyentes elijan el presidente de la República. Es obligado que el actual Gobierno presente la dimisión para que el primer magistrado de la nación obre con entera libertad, sujeto solamente a la ley que habrá acabado de votarse. Él podrá, entonces, otorgar su confianza para formar Gobierno a quien considere que está en mejores condiciones.

»Mi partido y yo acataremos cualquier resolución que en este sentido tome el presidente de la República, y si nos viésemos obligados a hacer alguna observación, sería solamente para pedir que los partidos representados en el Parlamento, puestos de acuerdo, determinen cuáles son las leyes complementarias indispensables para que, con la Constitución, España tenga un primer cuerpo legal, y qué tiempo habrá de emplearse en discutirlas y aprobarlas. Después de eso, una Constitución que ha establecido el referéndum nos obliga a todos a acudir a esa especie de referéndum que será la convocatoria de unas nuevas elecciones para elegir unas nuevas Cortes.

Quién debe hacer las elecciones

»No me preocupa, en primer término, ni me quitaría el sueño el que la misión de ejercer el Poder y realizar esas elecciones la entregue el presidente de la República a este o al otro partido, con tal de que sea una concentración republicana.

La misión que asigna al partido socialista

»El partido socialista —lo han dicho sus hombres más eminentes— necesita todavía un período de educación de sus masas y de preparación para el ejercicio del Poder; pero como ha de responder a los compromisos contraídos en las vísperas revolucionarias con la democracia republicana, es bien seguro que, lejos de ser una dificultad, habrá de ser una prudente colaboración, actuando unas veces como freno para que los Gobiernos republicanos no se dejen empujar excesivamente hacia la derecha por los intereses creados, y otras como estímulo para que no se detengan y se estanquen, una vez realizadas, ciertas obras de reforma que necesita urgentemente nuestro país.

Yo estoy gobernando

»Yo puedo asegurar que estoy viendo realizada la profecía que hice durante tantos años cuando anunciaba —en opinión de algunos, enfáticamente—: "Yo gobernaré". Ahora puedo decir que yo estoy gobernando, porque una cosa es el Gobierno y otra cosa es el Poder. Se puede ser Poder y no gobernar. Se puede ser Gobierno y no ser Poder. Yo gobierno, y no soy Poder.

»Si no llego a presidir un Gobierno desapareceré, cuando me llegue el turno, con la satisfacción de haber contribuido tanto como el que más y como el primero a que en España se haya establecido un régimen de libertad que, educando en nuevas normas a las nuevas generaciones, nos conducirá hacia la justicia social.

FRANCISCO LARGO CABALLERO, MINISTRO DE TRABAJO, SOBRE LA POSICIÓN DE LOS SOCIALISTAS[1]

Ahora, 22 de noviembre de 1931

Durante toda la semana se ha venido hablando de la posibilidad de un Gobierno presidido por el actual ministro de Trabajo, don Francisco Largo Caballero. Al solo anuncio de que un socialista iba a sentarse a la cabecera del banco azul se ha producido gran revuelo político. Los radicales,[2] por boca autorizada, han dicho que no se prestarían a colaborar con un Gobierno que presidiese un socialista. Van, pues, deslindándose los campos.

Conocido ya de nuestros lectores el pensamiento político del actual jefe del Gobierno, don Manuel Azaña, y del jefe del partido radical, don Alejandro Lerroux, hemos creído que en este momento culminante, en el que empieza a concretarse el problema de gobierno que se presentará dentro de breves días al futuro jefe del Estado, una

1. En el titular original del diario *Ahora* se leía: «Los socialistas en el gobierno.—El ministro de Trabajo, don Francisco Largo Caballero, nos habla de la actitud en que se han de colocar la UGT y el Partido Socialista ante la formación del futuro Gobierno de la República y frente a las fracciones republicanas».

2. En referencia al Partido Republicano Radical, de Alejandro Lerroux.

declaración política del secretario de la UGT ha de ser la clave de la situación.

Hemos pedido, pues, al señor Largo Caballero que se prestase a exponer a los lectores de *Ahora* cuál es la línea de conducta que a su juicio ha de seguir el socialismo. Y ante nuestro requerimiento, el señor Largo Caballero nos ha hecho una detallada exposición, no sólo de la situación actual de su partido, sino de los orígenes y causas de la actuación gubernamental del socialismo, de la labor que se ha creído en el deber de realizar desde los puestos que se le asignaron en el primer Gobierno de la República y de la trayectoria que según su pensamiento debe seguir en el futuro para el completo triunfo de las ideas socialistas en España. Ajenos nosotros a esta política y sustentando un criterio diametralmente opuesto en muchos casos a la táctica y al ideario socialistas, hemos creído, sin embargo, nuestro deber de informadores imparciales reflejar con la mayor extensión y exactitud cuáles son los puntos de vista de una de las personalidades más relevantes del socialismo español.

Que dice así:

CÓMO ENTRARON LOS SOCIALISTAS EN EL MOVIMIENTO REVOLUCIONARIO

Durante la Dictadura jamás se nos requirió para ir contra el régimen

—Se viene hablando con notoria mala fe de nuestra actitud pasiva durante los años de la Dictadura. Yo puedo asegurar de una manera terminante que, durante el tiempo que el general Primo de Rivera estuvo detentando el Poder, jamás fuimos requeridos oficialmente para que cooperásemos a ninguna acción revolucionaria. Individualmente hubo, sí, algunos requerimientos; pero, aparte de que provenían de personalidades sin verdadera representación social ni política, eran meras insinuaciones para que cooperásemos a movimientos cuya única finalidad era la de ir personalmente contra el general Primo de Rivera y sin compromiso alguno para el régimen. Siempre que ante estos requerimientos nosotros formulábamos la condición primera de nuestra intervención, que era la de ir simultáneamente contra la Monarquía, se nos contestaba con evasivas.

»Como nuestra convicción arraigadísima era la de que la Monarquía se estaba jugando su última carta con la Dictadura, no hicimos caso de aquellas sugestiones individuales. El proceso que nosotros preveíamos iba siguiendo su curso fatal.

El compromiso del partido socialista y la UGT con las fracciones republicanas

»En esta actitud permanecimos hasta que se nos acercaron los señores Alcalá-Zamora y Azaña, quienes, en representación del Comité revolucionario, que ya se había constituido, nos expusieron que consideraban como una indispensable necesidad que el partido socialista y la Unión General de Trabajadores se unieran a las fuerzas organizadas revolucionariamente. Esta inteligencia se estimaba imprescindible, hasta el extremo de que elementos de gran eficacia que se hallaban comprometidos en el movimiento habían declarado taxativamente que la garantía del éxito en la revolución era el que interviniesen en ella el partido socialista y la UGT.

»Nosotros, que hasta entonces habíamos visto con el natural recelo las sugestiones individuales, en este caso comprobamos que se trataba de cosa seria y reconocimos que las personalidades que venían a ponerse al habla con nosotros eran de absoluta solvencia. El partido socialista y la Unión General examinaron el caso, y comprendieron que este requerimiento no era de la misma índole que los anteriores, por lo que se decidió entrar en el movimiento y designar a los tres representantes en el Comité revolucionario, que después han sido los representantes del partido en el Gobierno.[3]

LAS REIVINDICACIONES SOCIALES LOGRADAS POR LOS SOCIALISTAS EN EL GOBIERNO

El programa que impusieron los socialistas al entrar en el Comité revolucionario

»En las primeras reuniones que celebramos con los demás miembros del Comité revolucionario se trató ampliamente del programa a realizar cuando se hubiese efectuado la toma del Poder, y la UGT formuló sus propuestas de reivindicaciones sociales, que fueron aceptadas en su mayor parte.

»Fijado así, taxativamente, el programa de las aspiraciones mínimas del partido, nos sumamos incondicionalmente a la acción, y, de acuerdo con lo pactado, hemos ido

---

3. Dichos miembros socialistas del primer gobierno fueron el propio Largo Caballero (ministro de Trabajo, como ya se ha dicho), Fernando de los Ríos (ministro de Justicia) e Indalecio Prieto (ministro de Hacienda).

realizando nuestro programa en los Ministerios que nos correspondieron.

»Así, en los meses que llevamos de gobierno han sido ratificados por España los Convenios internacionales sobre la jornada de ocho horas y sobre los accidentes del trabajo de los obreros agrícolas, y se ha dado cumplimiento a la ratificación de los Convenios internacionales relativos al seguro de maternidad y el subsidio de paro, que comenzará a regir en el año próximo. Se han publicado, además, los decretos sobre arrendamientos colectivos y el decreto ley sobre los Jurados mixtos en la agricultura.

»Otros puntos fundamentales de nuestro pacto con el Comité revolucionario fueron el reconocimiento de la personalidad legal de los Sindicatos y su capacidad para los contratos colectivos, y la unificación de los Seguros sociales, incluyendo el del paro por enfermedad y elevando el tipo del de pensiones a la vejez.

La preferencia a los obreros de la localidad, arma contra el caciquismo

»Está en vigor, además, el decreto sobre preferencia a los obreros de la localidad en los trabajos agrícolas de la demarcación municipal. Este decreto es de gran importancia política, y quiero señalarla. En la agricultura ocurre, generalmente, que al cabo del año el obrero tiene trabajo sólo unos cuantos meses. El problema del paro en los medios rurales se presenta, pues, periódicamente, y el caciquismo se aprovechaba de ello para asentar su fuerza política. Además, el labrador rico, que actuaba de cacique o que iba en connivencia con él, se valía de los obreros forasteros para tener sometidos, por la concurrencia, a los de la localidad.

En estas circunstancias, nunca los obreros agrícolas llegaban a obtener contratos de trabajo en buenas condiciones. El cacique dominaba así a la masa obrera campesina y, sistemáticamente, se negaba a dar trabajo a los que no se le sometían. Ocurría, de este modo, que al llegar las elecciones el obrero agrícola era un instrumento en manos del caciquismo.

»Mediante este decreto, que obliga a dar preferencia en los trabajos agrícolas a los obreros del término municipal, se consigue que el trabajador tenga una relativa independencia. Claro es que las circunstancias de la agricultura varían constantemente de un lugar a otro, y en cuanto a la aplicación de los preceptos de este decreto, será necesario, para evitar perturbaciones, aclarar algunos extremos.

La reorganización del Ministerio y el Consejo del Trabajo es imprescindible

Habrá que hacer una reorganización de servicios para que la legislación social no sea letra muerta

»He acometido la reorganización del Ministerio de Trabajo y del Consejo de Trabajo porque considero que toda la legislación social será letra muerta mientras no esté dotado el país de los organismos adecuados para hacerla eficaz.

»El primer proyecto de esta reorganización que he presentado es el relativo a la ampliación —no a la creación, como se ha dicho— del número de delegados de Trabajo e inspectores, con objeto de que se pueda disponer en cada provincia de una representación efectiva del Ministerio de Trabajo que intervenga en todos los conflictos que se susciten, sustrayéndolos así a la competencia de las autoridades gubernativas. Mi criterio en este punto es el de que la intervención de los delegados de Trabajo ha de ser siempre más beneficiosa que la de los gobernadores y sus dependientes en los pleitos de carácter social.

»Otro de los puntos fundamentales de la reorganización del Departamento es la ley de Jurados mixtos de las diversas ramas de la actividad nacional. Aspiro a unificar estos organismos por medio de una ley común para los Jurados de la Industria, la Agricultura, Ferrocarriles y Marina. A estos Jurados mixtos se les amplían las facultades de que gozan, hasta el punto de que incluso podrán intervenir en reclamaciones obreras por la falta de pago de sueldos y jornales, siempre que no excedan de la suma de 2 500 pesetas, con exclusión de los Tribunales industriales.

»Con arreglo a esta ley, para toda clase de conflictos de carácter social será obligatorio el trámite de conciliación por medio de los Jurados mixtos, con un plazo previo a la declaración de huelga.

»Otra de las transformaciones que me propongo acometer es la de que en lo sucesivo los gastos de los Comités paritarios, que hasta aquí, teóricamente, debían ser sufragados por cuotas entre los patronos, sean abonados por el Estado, y en el proyecto de presupuestos para el próximo ejercicio llevo ya consignada la cantidad necesaria para esta atención.

»En la próxima semana se aprobará, además, una ley sobre creación de la Bolsa de Trabajo, con oficinas de colocaciones en toda España. Quedarán suprimidas todas las Bolsas de trabajo de carácter particular. Al unificar este servicio se tiende a ir formando la estadística del paro forzoso, con la finalidad de ir calculando del modo más preciso que sea posible la implantación del Seguro de paro, que sin esta previa estadística nacional sería dar un salto en el vacío.

»Éstas son las reivindicaciones de carácter social que trajimos al Gobierno de la República, a las que se unían, como es natural, las de orden político, principalmente las de las libertades públicas, la supresión de la ley de Jurisdicciones, etc.

La ley del Control sindical en las industrias se aplicará dentro del Derecho

Defensa de la ley del control obrero

»En las conclusiones presentadas en la fiesta del Primero de Mayo, que prometió atender el Gobierno, figuraba la de la promulgación de una ley de control sindical en las industrias. Cumpliendo esta promesa, se ha presentado al Parlamento la ley del control, que en determinados sectores ha sido recibida con tanto recelo. Debo advertir que esta reivindicación del control obrero está consignada en la Constitución.

»La resistencia que se opone al ejercicio de este control no se basa más que en el prejuicio de las clases patronales. Técnica y económicamente no existe ningún impedimento para su implantación. Los patronos se obstinan en no reconocer al trabajo los derechos que le corresponden como factor básico de la producción. El capital cree que el capital lo es todo y no se da cuenta de que no es más que el producto acumulado del trabajo manual e intelectual. Pero, quieran o no, más tarde o más temprano tendrán que admitirlo, y entonces hasta lo agradecerán, porque esta intervención será la única manera de que en los momentos de depresión se eviten reclamaciones extemporáneas que ponen en peligro la industria.

»Temen que la falta de preparación de la clase obrera sea causa de que el control obrero intente ir más allá de lo debido. Es innegable que en el primer momento puede haber algunas dificultades para que este control se mantenga en todos los casos dentro de los límites del derecho de los trabajadores; pero será misión del Gobierno vigilar la estricta intervención que determine la ley. En general, el capital debe pensar que ese control existe ya, porque la producción no está sólo en el capital, sino que radica en las manos de ingenieros, contables y demás elementos intelectuales, que, prácticamente, vienen ejerciendo un control que jamás impide el desarrollo de la industria.

UN GOBIERNO DE CONCENTRACIÓN, QUE MUY BIEN PUEDE SER PRESIDIDO POR UN SOCIALISTA

»Esto es lo que hasta este momento hemos realizado, cumpliendo nuestro programa y nuestros compromisos. Plantéase ahora la línea de conducta a seguir ante el porvenir inmediato, y en vista de las circunstancias políticas que han de suceder a la aprobación del Código fundamental del Estado y a la proclamación del presidente de la República.

»Yo no creo que en este momento que se aproxima pueda formarse más Gobierno, capaz de reunir las condiciones que se precisan para dar satisfacción a las aspiraciones del país en todo aquello que aún queda por hacer, que un Gobierno de concentración.

»Este Gobierno, que, insisto, ha de ser fatalmente de concentración, tiene el deber de ir a la promulgación por las Cortes de todas las leyes complementarias de la Constitución; absolutamente todas, para que las Constituyentes no se disuelvan sin haber dado a la nación el cuerpo legislativo que ha de garantizar la instauración definitiva del régimen traído por el movimiento revolucionario de abril.

Un socialista en la cabecera del banco azul

»En cuanto a las cábalas que se vienen haciendo acerca de las incidencias a que puede dar lugar la designación del partido, a base del cual se ha de formar este Gobierno de concentración, quiero dejar bien sentado mi pensamiento.

»Sé que hay cierta oposición a la probabilidad de que a la cabecera del banco azul se siente un miembro del partido socialista, y esos elementos que se muestran recelosos no sé qué concepto tendrán de lo que puede hacer un presidente socialista con una Cámara de tan heterogénea composición como la actual, y al frente de un Gobierno formado con arreglo a ese criterio inexcusable de concentración. El jefe del próximo Gobierno, sea socialista o sea republicano, no puede hacer política de partido. Ha de estar férreamente sujeto a una política nacional, una política de tipo medio, que no le permitirá ir ni muy allá en sus ideales de transformación social ni quedarse muy retrasado en recoger la palpitación revolucionaria del país. Quiere esto decir que ningún partido podrá ser dueño de la situación ni a nadie le será dable realizar una política determinada.

»Es la Cámara la que en cada momento ha de ir dando la norma al gobernante.

Queremos garantías de lealtad

»Los socialistas no tienen ningún interés en figurar a la cabecera del banco azul en este futuro Gobierno, siempre que al constituirse tengan garantías suficientes de que las actuales Cortes van a terminar su misión y para este compromiso puedan contar con la lealtad de todos los partidos republicanos.

»Pero si por desgracia no tuviésemos esas garantías, el partido tendría que examinar muy detenidamente cuál había de ser su resolución, que positivamente tendría una trascendencia extraordinaria.

»Yo, personalmente, considero indispensable que los socialistas continúen colaborando con el Gobierno. Y no por interés de partido, que si por interés de partido fuese, lo que acaso nos conviniera más sería lo contrario. Pero, a juicio mío, debemos continuar por interés nacional. Si nos es posible.

»No participo del temor que tienen algunos de que el partido socialista no esté todavía en condiciones de colocarse a la cabecera del banco azul. Al contrario: estimo que nuestra educación política tiene ya tal grado que ningún otro partido actual puede superarnos en esta capacidad de gobierno.

»Esta afirmación de una íntima convicción mía no responde al deseo de presidir el Gobierno que se forme, sino a la contingencia de que tal cosa fuese una necesidad imprescindible para que las Cortes constituyentes no fuesen disueltas sin haber cumplido su misión.

»Declaro, pues, desde luego, que si es posible constituir un Gobierno presidido por uno de los jefes de las fracciones republicanas, el partido socialista no tendrá celos por ello ni pondrá dificultad alguna, aunque las recientes declaraciones de un miembro significadísimo del partido Radical —el señor Martínez Barrio—, en las que anunciaba que los radicales no entrarían a formar parte de un Gobierno presidido por un socialista, nos darían derecho a adoptar análoga actitud. Esta negativa a colaborar viene a ser un veto a los socialistas, y nosotros podríamos responder con una afirmación recíproca. Pero ni ellos ni nosotros podemos decir eso. Se ha de formar a toda costa un Gobierno de concentración de todas las fuerzas republicanas y las socialistas.

»Ahora bien, en el caso de que una fracción republicana se quisiese encargar del Poder para gobernar con criterio de partido, disolviendo las Cortes antes de que éstas cumplan su mandato, nos consideraríamos relevados de nuestros compromisos.

»Ese intento sólo sería la señal para que el partido socialista y la Unión General de Trabajadores lo considerasen como una provocación y se lanzasen incluso a un nuevo movimiento revolucionario. No puedo aceptar tal posibilidad, que sería un reto al partido, y que nos obligaría a ir a una guerra civil.

»El Gobierno de concentración, presidido o no por un socialista, que postulo es la única solución. Es de interés nacional la aprobación de todas las leyes complementarias de la Constitución. En esto deben estar conformes todos, republicanos y socialistas. No ha terminado la misión de estas Cortes con la aprobación del Código fundamental.

No hemos hecho más que comenzar la revolución. Hay que continuarla. Estas Cortes deben acometer la solución de los problemas planteados por los Estatutos, las responsabilidades, la Hacienda, la crisis de trabajo, las subsistencias, reforma agraria, etc.

Confianza en la lucha electoral

»Alguien puede creer que esta convicción nuestra de que las Constituyentes deben dejar terminada la obra legislativa fundamental responde al temor de que en unas elecciones prematuras el partido socialista y la UGT no obtuvieran una representación igual o superior a la que hoy tienen. Debería bastar a los que esto suponen el resultado de las últimas elecciones parciales, en las que hemos obtenido triunfos mucho más significativos que los de las elecciones generales.

»Si en estos momentos, mañana mismo, fuésemos a las elecciones, nuestro partido, sencillamente por su organización, y por su labor de propaganda, alcanzaría una cifra de votos de la que por lo visto no quieren hacerse cargo nuestros adversarios.

El porvenir es nuestro

»Para el porvenir...

»Terminada la labor de las Constituyentes, y convocadas normalmente unas elecciones generales, yo soy decididamente partidario de que el partido socialista y la UGT vayan a la lucha absolutamente desligados de las demás fuerzas políticas.

»Para entonces yo, que ahora defiendo la intervención en el Gobierno, predicaría la abstención gubernamental. La tarea de gobernar mediatizados, puesta ya en franquía la República, no puede hacer más que dificultar el desenvolvimiento de nuestro partido y la consecución de nuestros ideales.

»El porvenir es nuestro. Mi criterio es que ya entonces los socialistas no deben gobernar más que con absoluta libertad de acción, sin contacto con ningún otro elemento y con el designio de imponer sus ideales sin trabas de ninguna clase.

»Tengo fe en ellos; es más: creo que la acción gubernamental del socialismo puede provocar no sólo la consolidación interior, sino el restablecimiento de nuestro crédito ante el mundo. Para los que ven en el socialismo un peligro económico, quiero hacer notar que ha de ser precisamente la intervención socialista la máxima garantía de crédito para España, no sólo por el internacionalismo de nuestros ideales y la conexión con las fuerzas socialistas de otros países, sino por la raigambre económica de nuestro ideario, más solvente ante la conjugación de la economía mundial que cualquier otro ideal sentimental o estrechamente nacionalista.

FERNANDO DE LOS RÍOS, MINISTRO DE JUSTICIA, SOBRE LA REFORMA AGRARIA Y EL PORVENIR POLÍTICO DE ESPAÑA[1]

Ahora, 29 de noviembre de 1931

El ministro de Justicia de la República es uno de los intelectuales más representativos del movimiento revolucionario triunfante hoy en España. La exégesis que hace en estas declaraciones del sentido de la revolución española y de la obra de gobierno que sus hombres han emprendido es una de las más autorizadas que pueden formularse. Estamos realizando un ensayo único en el mundo, dice. Frente a esta amplia concepción que de la República tiene el profesor De los Ríos, creemos que hay otras interpretaciones más modestas y realistas que, a nuestro juicio, nos evitarían los peligros a que puede llevar al país esa vastedad de las reformas que se quieren acometer. Tal es el caso de la reforma agraria, acerca de la cual hemos expuesto reiteradamente nuestro criterio. Esto no obstante, creemos que el pensamiento del actual ministro de Justicia debe ser ampliamente difundido, y que todo lo que sea divulgar entre las masas la opinión de los hombres que hoy nos gobier-

[1]. El titular original del diario *Ahora* rezaba: «Cómo ve la Revolución y la obra de gobierno de la República don Fernando de los Ríos. — El ministro de Justicia nos habla de su labor al frente del ministerio, de la Reforma agraria y del porvenir político de España».

nan servirá para que, por contraste o por simpatía, se vaya formando la nueva conciencia nacional.

He aquí lo que don Fernando de los Ríos nos ha dicho:

Las etapas de la revolución en la intimidad espiritual de España

—El movimiento actual de España es hijo de un remozamiento global que se viene advirtiendo desde hace muchos años en la intimidad de la vida española. Hay rasgos múltiples que lo acreditan. Primero, la significación de la crisis catártica sobrevenida en el año 1898, que fue una crisis purificadora del alma y de la conciencia de España. El segundo momento de esta transformación interna, que ya denota cómo la crisis social se resuelve en términos de posibilidad, se registra en el año 1907, fecha que para el mundo universitario y el mundo cultural de España tiene esta significación: la creación de la Junta para la Ampliación de Estudios e Investigaciones Científicas; es decir, la organización de la salida a las Universidades de Europa de los jóvenes universitarios y estudiosos españoles, para ponerse en contacto con los centros culturales europeos y formarse allí; esta salida era a la postre el retorno a la gran tradición española del siglo xvi y la adopción de las normas que todos los países modernos habían considerado eficaces. El tercer momento lo marca el movimiento de 1917, que es, a su vez, el despertar del proletariado, el primer movimiento en que toma parte el proletariado como masa. Y el último eslabón ha sido el de la entrada en la escena de la vida civil de la juventud universitaria, como masa histórica, como generación unificada por una sensibilidad.

»Todo ello mostraba que España se había remozado verticalmente, es decir, desde las cumbres universitarias hasta las planicies populares, recogiendo de las masas juveniles todo lo que en ellas había susceptible de renovar el país. En la época a que me vengo refiriendo tiene lugar incluso un incremento enorme de la capacidad económica de España.

»Esta reacción de la economía española se inició hacia el año 1910, se acentuó con la guerra y llegó después, en los años inmediatos de la postguerra, a su pleno desenvolvimiento. Por consiguiente, la transformación del Estado español ha sido el resultado de un proceso de dentro afuera; una exigencia de la España viva, a la que le resultaba ya imposible sostener el dermato-esqueleto ahogadizo que representaba la vieja estructura jurídica y política.

Respondemos al imperativo de la fuerza biológica de la raza

»Ese proceso era hijo de un ansia vital y profunda de nuestro pueblo, ansia de tal naturaleza y brío que difícilmente hay una raza en Europa que en este sentido pueda igualarnos. Ello se patentiza y manifiesta de una manera indubitable en América; es allí donde se ve el vigor étnico de este pueblo nuestro; es decir, la fuerza biológica de la raza.

»Hijo de esa fuerza biológica de la raza ha sido el renacer actual de la fe en sus destinos históricos que hoy muestra el pueblo español; porque la República ha venido como el resultado de esa fe que España tenía en sí misma, en su capacidad para regir sus destinos, en su hambre de gloria cultural e histórica, en el mejor sentido que pueda darse a esta apetencia. Es decir, la República es el resultado de una interna creación del espíritu español, y ha menester cumplir esa su interna misión, a saber, la de que España juegue su papel en la historia de la cultura. Para esto necesitaba remozar su personalidad. De aquí que lo que la República está haciendo y ha de hacer tenga que responder a esta ineludible y seria aspiración del espíritu español.

»En este sentido podemos decir que no somos nosotros los que estamos haciendo la labor de la nueva España, sino que somos los instrumentos ocasionales de que se vale el espíritu español para realizar lo que estaba de una manera subyacente e inarticulada, pero vivo ya, en el fondo de su alma y de su conciencia.

ESTAMOS HACIENDO UN ENSAYO ÚNICO EN EL MUNDO

El ejercicio de la libertad y la transformación social

»A mi juicio, la transformación que se está operando en España tiene el valor de un ensayo único en el mundo, porque es éste el primer ensayo que se hace en un país intentando aunar y simultanear el ejercicio de la libertad y la transformación de la estructura económica y social en un nuevo régimen.

»Cuando un pueblo hace un ensayo de mera transformación política, no es difícil conservar la plenitud de los derechos que simbolizan la libertad: pero cuando, al propio tiempo, se intenta la transformación del contenido económico y social, o sea, cuando se pretende deshacer el régimen de privilegios que le daba su anterior contextura económico-política, entonces este ensayo adquiere una originalidad extraordinaria tal que, realmente, es en la hora actual el único ensayo que en este sentido se está haciendo en Europa. Y aquí, precisamente, en este despacho del Ministerio, ha estado, hace poco, un gran pensador ruso, que vino a verme; y al hablarle yo de la envergadura de nuestra obra, me decía: —¡Pero eso es de una audacia enorme! ¿Cree usted que lo llevarán a término? —Estoy absolutamente convencido, repuse; porque hay una cosa que Europa no ha sabido ver y valorar, y es que España, que es el pueblo que tiene más hambre de libertad, como lo prueba la cantidad de sangre que derramó por ella y el hecho de que fue quien creó la palabra "liberal", es, al propio tiempo, un pueblo con un sentido del orden y de la disciplina admirable. Es un pueblo propenso a acatar una disciplina dentro de la cual reconozca valores que merezcan obediencia. En este sentido, yo creo que España principia otra vez a encontrarse a sí misma, al intentar esa coordinación de libertad y transformación del principio económico y social que ha guiado últimamente su historia.

LA SITUACIÓN ECONÓMICA DE ESPAÑA

La coyuntura económica nos es favorable

»La estructura de nuestra economía sitúa a España en una posición interesante y original en Europa. Porque, por ejemplo, Inglaterra es un taller que está fabricando y ha menester una política sabia de exportación, ya que no vive sino de la exportación. Inglaterra liquida con un déficit de un 50 por 100, aproximadamente, su régimen alimenticio. En cambio, España es un pueblo cuya economía está basada en las materias primas. Es decir, que lo que ella necesita lo paga con cosas que difícilmente pueden dejar de ser adquiridas. Se da el caso de que las modernas direcciones de los higienistas vienen a favorecer nuestra economía, al aconsejar el consumo de frutas y de grasas vegetales frente a las grasas animales; ello revela que nuestras exportaciones no pueden verse en peligro, ya que nosotros lo que fundamentalmente exportamos son frutas y aceite. Ése es el volumen principal de nuestra exportación. Por consiguiente, nos encontramos en una situación muy favorable para el presente y para el porvenir, si sabemos aprovecharla.

Salarios altos y eficacia y capacidad en el esfuerzo

»Lo que nosotros necesitamos, evidentemente, es intensificar el esfuerzo de la política social agraria, ya que todo esfuerzo de reforma social ha de permitir un nivel de vida nutritiva superior al actual. El buen nivel de vida nutritiva ha de ser el resultado de una gran estimación del esfuerzo individual, de un alto salario, en justa compensación de un esfuerzo más eficiente, bien por la intensidad del esfuerzo, bien por la capacidad del que lo realiza. Es decir, nosotros necesitamos cultivar al hombre trabajador para elevar la calidad de su trabajo y su capacidad de producción. Pero eso no se hace con bajo salario; eso se hace con un alto salario. Este salario, que va a producir una vida nutritiva más alta, infinitamente más potente, a mi juicio, necesita estar a su vez conjugado con una política estatal de tipo cultural.

La política cultural del Estado

»Las satisfacciones espirituales, los grandes goces culturales de la masa española, cada día deben ser más una empresa del Estado.

»La prensa publicó ayer la noticia de que una comisión de estudiantes vino a verme y yo les presenté al ministro de Instrucción Pública para desarrollar el teatro universitario, la barraca universitaria.

»Pues bien, ésos son para mí indicios de algo que tengo el convencimiento de que se va a acentuar felizmente en España. Es absolutamente indispensable que la aldea se valorice culturalmente, que la aldea no sea un punto muerto para la vida del espíritu español, que en la aldea repercutan la lectura que da el poeta, la conferencia del ingeniero, el consejo del agrónomo, el canto del orfeón, la pieza musical, etc. Para esto no se necesitan más que un par de millones de pesetas, gastados en una instalación de radio en una escuela de cada pueblo, para que se congreguen los padres, las madres y los muchachos. Esta valorización artística de la vida rural la encuentro de una inmensa importancia, porque tengo una fe profunda en el renacer cultural de España, en el esfuerzo cultural que España está haciendo; pero creo que la cultura española siempre tendrá una última dimensión de carácter artístico y que no se puede amputar a la cultura española esa nota, de dimensión estética, sin mermarle lo que es el rasgo más bello y más hondo de su personalidad histórica.

»Es decir, que los republicanos españoles tienen que acentuar —y éste es el sentido de lo que se está haciendo—

esas dos cosas: una política social, elevadora del nivel medio de vida, y una política cultural, elevadora de la capacidad adquisitiva de nobles goces. Saber gozar, que es saber emocionarse ante una sonata de Beethoven o a la vista de un gran cuadro.

La nueva posición
de España ante la Iglesia

El problema religioso y la cuestión del matrimonio

»Al frente del Ministerio de Justicia, me ha correspondido la iniciación de la reforma agraria y la orientación de la actitud que ha de mantener el Estado ante la Iglesia, a más de la transformación de la vieja organización jurídica e institucional del matrimonio. Éstos son los tres puntos esenciales de mi labor ministerial. Lo mismo la forma jurídica de las relaciones del Estado con la Iglesia que la investidura de Derecho que se había puesto al matrimonio eran inconciliables con las exigencias de un Estado de tipo moderno. De modo que, con el mayor respeto para todo el contenido histórico que había dentro de esas organizaciones institucionales, era indispensable, sin embargo, llevar a una nueva posición a España; hoy, felizmente, con el mínimum de desgarramientos, creo que se ha conseguido. De ahora en adelante yo espero que, lejos de encontrar dificultades para el desenvolvimiento de lo ya iniciado, vamos a encontrar muchas más facilidades que las que hemos tenido en estos instantes.

»De suerte que, de igual modo que estamos desarrollando un programa de renovación del contenido económico-social en medio de un ambiente de juridicidad notorio, vamos, asimismo, a resolver esos dos grandes problemas de la religión y del matrimonio en un ambiente de paz. Yo tengo la seguridad de que la experiencia de la Iglesia, experiencia conseguida después de todo lo acontecido desde 1905 hasta ahora en Europa y en América, nos hará posible lograr, con menos dolor que a otros pueblos, lo que España necesitaba.

LA DECISIÓN DE ACOMETER LA REFORMA
AGRARIA A PESAR DE LAS DIFICULTADES

Las dificultades que ofrece la reforma agraria han de ser superadas

»El proyecto de Bases de Reforma agraria no es, en algunas partes, como ya lo anunció don Niceto Alcalá-Zamora cuando se ocupó de él en el Congreso, la expresión de mi pensamiento en cuanto a la política social agraria. Hay, indudablemente, algunas bases que deberán redactarse de muy otro modo. Pero lo que importa es la decisión de acometer la reforma agraria. Y, en esto, el dictamen de la Comisión agraria, ya disuelta, y el dictamen hoy redactado con el voto particular de la minoría socialista, en el seno de la Comisión designada por el Parlamento para conocer de esta reforma, expresan bastante bien mi pensamiento.

»Las dificultades que se señalan existen y han de existir en toda reforma agraria. No ha habido reforma agraria que en su época inicial no haya determinado un colapso, siquiera sea pequeño, en la propia economía. Desde Rusia hasta Checoeslovaquia y desde Estonia a Rumania, el fenómeno es constante; lo cual quiere decir que la constancia del fenómeno acredita la existencia de una causa de la que parece imposible deshacerse. Yo no veo la solución en el análisis de la causa permanente del colapso subsecuente a toda reforma agraria. Es una causa muy compleja, porque no sólo es económica, sino psicológica. La incorporación inmediata del hombre a la tierra no le da la súbita sensación de ser el poseedor; la posesión por acto privado de compra-venta, por ejemplo, de la tierra, crea en él un estado de convencimiento respecto a su relación con la tierra suficiente para que consagre toda su capacidad de esfuerzo al fundo adquirido; hay, en cambio, en el hombre asentado por un acto público, durante el primer período, como una duda psicológica, que se traduce en una resta de esfuerzos.

»Al propio tiempo, hay siempre una dificultad de organización del crédito para suministrar los aperos y medios de subsistencia durante el primer año, las simientes, etcétera, que ha menester todo aquel que se convierte en un nuevo labriego. Esto corresponde, indudablemente, al mecanismo administrativo que una buena organización de la reforma agraria debe llevar consigo. Pero estas dificultades no pueden convertirse, para una persona objetiva y serena, en una animadversión contra la reforma agraria, porque eso querría decir que nunca una reforma de esa índole se podría acometer, ya que habría siempre una primera etapa en que se han de atravesar grandes dificultades. Es como si dijéramos que a un muchacho no se le puede dar la libertad por temor a que en un principio no tenga consciencia de sus actos. Son etapas que podríamos llamar biológicas de un proceso histórico ineludible.

»Hay, además, un fenómeno de gran importancia, que es el de la venta y distribución de los productos del campo; porque hoy la red de carreteras obedece, en parte, a una especial organización de la propiedad agrícola, a una secular distribución jurídica de la propiedad, pero cuando la propiedad adopte otras formas jurídicas de distribución del suelo, entonces se necesitará una nueva red de comunicaciones. Por ejemplo: hay sitios en Extremadura y en Andalucía donde para hacer el asentamiento de los trabajadores del campo en buenas condiciones se requiere incluso la creación de pueblos nuevos, como lo hizo en el siglo XVIII Carlos III. La fundación de La Carolina está demostrando cuáles son las exigencias de la política de colonización interior. Y al hacer un pueblo, quiere decirse que hay que engranarlo con todo un sistema de comunicaciones.

»Todas estas cosas es evidente que en el primero y en el segundo año pueden producir un relativo colapso en la producción. Pero ¿son éstos argumentos bastantes contra la reforma? No. Ésas son circunstancias adversas, que hay que vencer; consideraciones que un hombre de Estado no puede menos de tener presentes. El reformador sabe que tiene que pasar por esa situación difícil y prevenir a la Nación para que esté advertida y busque un sistema de compensación. Por otra parte, repito, lo mejor para atenuar esas dificultades es la intensificación de la cultura del campesino que se va a convertir en semipropietario, organizando desde el primer momento un sistema de educación específica del agricultor.

»En cuanto a la transformación del sentimiento revolucionario del proletariado rural y su acomodación al espíritu de la reforma, quiero, puesto que he hablado de propietarios nuevos, dejar sentada la verdadera significación que yo doy a esa palabra de propietario cuando me refiero a los proletarios que quedarán asentados merced a la reforma. Yo siempre he creído que tenemos en España una tradición en nuestro Derecho agrario que necesitamos resucitar, no creando nuevos propietarios, al modo burgués, sino usufructuarios, con los que el Estado siempre tiene el control de la renta: la enfiteusis. Esto, en realidad, es un sistema de nacionalización de la tierra, y el propietario encuentra todas las posibilidades de disponer del fruto de su trabajo, sin que haya nadie que controle la renta más que el Estado, que puede realizar revisiones periódicas para no perder los beneficios de la plusvalía. Ésta es para mí la orientación que se debe dar a toda la reforma agraria, y no la de crear un propietario accidental que en cualquier momento pueda ser substituido por otro.

»Esta fórmula de la resurrección de la enfiteusis está consignada en las bases del proyecto de Reforma agraria. La he propugnado siempre, y coincidí plenamente en ello con el señor Alcalá-Zamora. Ya en 1925, en un estudio sobre el problema social agrario de España que publicó la Sociedad de Naciones en inglés y francés, está consignada.

»En esas condiciones no creo que haya masa campesina en Andalucía ni en Extremadura que al ofrecérsele la tierra la rechace. Al contrario, el campesino —no me refiero al hombre que ya está adulterado por la ciudad, dentro de la cual ya los fenómenos psicológicos son muy distintos—, ante el ofrecimiento de tierras, irá entrando en el espíritu de la reforma. La aceptarán absolutamente todos; no se resistirá ninguno, sean cuales fueren sus convicciones políticas y sociales. Serán aceptados unánimemente estos ofrecimientos de tierras hechos seriamente, esta adjudicación de tierras con porvenir, porque lo terrible es que toda la obra de colonización interior que desde el año 1907 ha venido haciéndose es una colonización interior que se hace en pedregales y en arenales. A los campesinos hasta ahora se les había dado hueso, pero jamás se les había dado pechuga. Es decir, que tanto en Andalucía como en Extremadura, si se les dan tierras con posibilidad de rendimiento, se incorporará al sistema de la reforma todo el proletariado rural.

El avance del socialismo en el campo andaluz

»Andalucía es el pueblo con más sensibilidad metafísica de España. Por consiguiente, siempre será grande la dificultad con que se tropiece para educar a este pueblo en una visión económica relativa, como, a la postre, tiene que ser siempre una visión económica y política, ya que en la vida no se dan sino relatividades. Para esta solución relativa siempre será un obstáculo la aguda visión metafísica. Lo que halaga a la fantasía del pueblo andaluz y, en definitiva, mueve su personalidad es una promesa de edad de oro. Éste es el gran obstáculo psicológico de los andaluces. Hay que encariñarlos con la relatividad del vivir y hacer que destruyan todo ese mundo de proverbios que tienen y que les lleva a menospreciar el presente en aras de un futuro mejor.

»Ésta es una labor, naturalmente, de gran esfuerzo. Es la labor de educación que los socialistas venimos haciendo y que tenemos que acentuar enormemente.

»Lo deseable sería mantener como fuente de posibilidades estéticas esa visión metafísica del valor del futuro; pero al propio tiempo incorporar al campesino a las posibilidades de una relatividad económica y política. Creo que lo hemos de lograr. Para un observador atento de la vida española, el avance del socialismo en Andalucía indica el viraje que en esta dirección se está llevando a cabo en lo más profundo del alma andaluza. De un par de años a esta fecha el socialismo ha avanzado enormemente allí, y ha avanzado precisamente por haberse hecho más pragmática la inclinación de sus hombres. Es decir, que han dado su justo valor a las realidades, a las posibilidades humanas; en una palabra, se han hecho más respetuosos con las promesas de cosecha que brinda el hoy.

La reorganización
de la Administración de Justicia

Justicia gratuita para las clases medias

»En cuanto a mi labor como ministro socialista en lo tocante a la organización de la administración de justicia, quiero hacer resaltar algunas notas esenciales.

»El abaratamiento de la justicia ya ha sido previsto en la propia Constitución. Consiste en un refinamiento de toda la legislación hoy existente para que permita una justicia completamente gratuita en el orden social, y en el orden civil cuando se obtienen los beneficios de pobreza. Considero indispensable hacer desaparecer ese carácter de pobreza como calificación indispensable para obtener ese beneficio, y, además, creo que hay que facilitar el modo de conseguirlo y hacer más eficaces sus resultados.

»Ésa es la orientación que estamos preparando y que hemos de llevar a la legislación complementaria de la Constitución. Claro es que en beneficio de las clases humildes y medias, porque para las clases altas la justicia civil es una justicia instada y no hay razón alguna para que no sea pagada; lo que interesa es que las clases medias y pobres lleguen a tener la justicia con absoluta gratuidad. En este sentido es en el que vamos a encauzar la legislación hoy existente, haciéndola avanzar y facilitando los trámites necesarios para conseguirla.

La elevación del nivel cultural de los jueces

»Como he dicho reiteradamente, lo mismo en la apertura de los Tribunales que al hablar ante la Asamblea judicial, me preocupo mucho de la formación de los nuevos juristas, porque, a la postre, de la Justicia pende la realización y la eficacia de todos los ideales internos que informan un Estado. A la Justicia está confiado todo, incluso el mundo de los intereses.

»Con este criterio, al nuevo Presupuesto llevo desde la creación de Bibliotecas en todas las Audiencias territoriales de España hasta la creación de centros psiquiátricos en las cárceles de Madrid y Barcelona, centros en los que se haga el análisis del material humano que ingresa en esos centros penitenciarios, para que, de este modo, se pueda realmente trazar la psicopatología de los delincuentes y tratar como elementos verdaderamente afectados patológicamente a los muchos que hoy lo están y que no tienen quien discierna su capacidad y sus condiciones. En España no se había hecho nada de esto. Por vía de ensayo, lo haremos en estos dos centros.

»Por otra parte, se crea de nuevo la Escuela de Criminología, con cinco cátedras: Penología, Sistemas Penitenciarios, Pedagogía correccional, Psiquiatría y Psicopatología general. Por la que va a pasar todo el personal del Cuerpo de Prisiones; pero yo espero que incluso los futuros jueces reciban allí el complemento de la formación que no les da la Facultad de Derecho de la Universidad española. Los nuevos jueces, ya en el programa que ahora hemos dado, tienen un primer examen de Lenguas extranjeras; necesitan mostrar el conocimiento y la posibilidad de traducir a libro abierto trozos de textos en dos idiomas extranjeros, y se les exige, además, un conocimiento amplio del Derecho social y del Derecho público, que hasta ahora no se les había exigido, y que son, sin embargo, requisitos indispensables, dada la nueva orientación de la vida moderna.

»Cada día el desenvolvimiento del Derecho social es mayor, y, desgraciadamente, en nuestras Facultades de Derecho no existen cátedras de Derecho social.

»Va incluida también en estos Presupuestos la cifra necesaria para las pensiones al extranjero a los jueces. Todos los años saldrán al extranjero, por lo menos, diez jueces, a fin de estudiar cómo está organizada la Justicia en Inglaterra, en Alemania, etcétera, así como también el Derecho civil y el sistema penitenciario de cada uno de dichos países. Propugno un sistema que permite escoger a los hombres más capaces, bien por sus obras, bien por sus sentencias, y llevarlos incluso al Tribunal Supremo, independientemente de su juventud, y teniendo en cuenta, preferentemente, sus cualidades morales e intelectuales.

»Espero que en un plazo breve estará renovada la Justicia, y esto no precisamente —como ya he dicho ante el

Parlamento— por la intervención ministerial, sino estableciendo un Jurado selectivo, formado por profesores de Universidad que no ejerzan la abogacía y por la Sala de Gobierno del Tribunal Supremo.

Lo que ha de realizarse
en las Cortes constituyentes

»Creo que las posibilidades de España son tantas, y de tal suerte estimo juvenil la posición del alma española, que no veo realmente limitado el horizonte de las realizaciones para el nuevo Estado español, para la República española. Claro es que en un plazo más o menos breve tendrá que venir una etapa política en la que fuerzas de una significación distinta a la nuestra ofrezcan una pausa, hasta que las cosas por nosotros implantadas vayan adentrándose en la vida española. Sólo cuando todos estos avances estén bien absorbidos por la vida institucional y las costumbres españolas se ofrecerá una nueva coyuntura para que demos otro gran avance.

»No se crea por esto que la etapa primera la considero yo todavía terminada, ni mucho menos; ahora precisamente estamos frente al gran problema, que es preciso abordar inmediatamente: el de la reforma agraria con sus tres momentos: leyes de propiedad comunal, ley de contratos, de arrendamiento y, por último, ley de contrato de trabajo, que es de enorme trascendencia. Todo esto hay que dejarlo resuelto en esta primera etapa y con las actuales Cortes.

La segunda etapa. Se irá a las elecciones y el país dirá lo que quiere

»Después es posible que España apetezca otra cosa; pero esta otra gran época no puede abordarse más que mediante la previa consulta al Cuerpo electoral. ¿Cuál será la respuesta de la opinión pública española ante esa consulta? No lo sabemos. Unos y otros creemos que la palabra afirmativa de España nos va a ser favorable. Las derechas republicanas tienen grandes ilusiones en su futuro inmediato. Nosotros las tenemos a nuestra vez muy hondas.

Es indispensable una fuerza de derechas

»Creo absolutamente indispensable en la mecánica política de España la existencia de una fuerza de derechas. Lejos de producirme ninguna impresión de tibieza ni la más leve sombra de enojo, me ocasiona una satisfacción interna; porque a medida que yo vea más nutrida la derecha republicana tendré más seguridad de que esos elementos han de ser respetuosos con el Derecho logrado hasta ahora, y, por consiguiente, que se halla libre de obstáculos la obra de la República.

La verdadera personalidad española

»Yo veo el porvenir de la República española, en su horizonte inmediato, lleno de promesas; le veo mostrando al mundo que España de nuevo vuelve a tener una gran personalidad, la que le otorga su gran significación cultural. Para España lo económico es siempre mero sustentáculo de la cultura, pero no la finalidad de la cultura en sí. Y es que España no es un pueblo como otros, los Estados Unidos, por ejemplo, cuya fisonomía sea mero reflejo de su importancia económica, sino que la economía es, para nuestro país, puro medio con que facilitar el enriquecimiento de los valores culturales.

MARCELINO DOMINGO, MINISTRO DE INSTRUCCIÓN PÚBLICA, SOBRE LA ACTITUD DE LA IZQUIERDA REPUBLICANA[1]

Ahora, 6 de diciembre de 1931

Al frente de la masa republicana de extrema izquierda numéricamente más considerable, Marcelino Domingo, el luchador revolucionario de siempre, hoy colocado al frente del Ministerio de Instrucción Pública, nos habla en estas declaraciones de la responsabilidad de gobernar a España que han contraído los partidos republicanos, y nos dice que estos partidos no deben ser ahora lo que eran en la oposición. Su interés de dar rápidamente la sensación de que la República es una garantía para los factores económicos y su decisión de llevar las fuerzas que la rigen a una fusión con otros elementos de extrema izquierda republicana, expuesta por primera vez en estas manifestaciones a los lectores de *Ahora,* marcan el límite extremo de las posibili-

1. En el titular original del diario *Ahora* se lee: «Marcelino Domingo habla a los lectores de *Ahora* de la actitud de la izquierda republicana ante las necesidades de gobierno.—El ministro de Instrucción Pública expone a uno de nuestros redactores su pensamiento sobre el porvenir político de la República». Marcelino Domingo era miembro del Partido Republicano Radical Socialista (PRRS), organización que él mismo había fundado en 1929 junto con Álvaro de Albornoz, y que era por entonces la tercera fuerza política en número de diputados, por detrás del PSOE y del Partido Republicano Radical.

dades gubernamentales de la República. No creemos nosotros —y repetidamente lo hemos sostenido— que sea compatible la obra de gobierno que hoy necesita España con el mantenimiento de la dirección extremista que el partido radical socialista se obstina en conservar. Esto no obstante, creemos altamente beneficiosa para la Patria esta aspiración de convertir su fuerza en un instrumento gubernamental, que en la presente interviú formula el señor Domingo, quien respondiendo a nuestras preguntas nos ha dicho:

El primer deber de la democracia

—En una democracia, el problema fundamental es el de la capacidad de ésta para gobernarse. Dicha capacidad se evidencia plenamente cuando la democracia cumple estos dos fines: primero, elevar por la cultura el nivel medio del hombre; segundo, seleccionar las aptitudes y los espíritus, constituyendo la aristocracia del saber, y con ella y por ella, la aristocracia que posibilite el ascenso al Poder de los mejores.

»Quiere decir esto que el primer problema de toda democracia es el de la enseñanza. En España, donde este problema estaba totalmente por resolver, lo era doblemente. La herencia de la Monarquía era ésta: un 60 por 100 de analfabetismo; la Segunda enseñanza limitada al tránsito de la escuela primaria a la Universidad, sin cumplir la función formativa de la personalidad humana que le es impuesta; la Universidad sin haber entrado en su debida misión. Falta, en absoluto, de profesionales. Cerrado el camino al talento. Desatendido todo apoyo a la investigación científica. Huérfana la escuela rural. Convertido el Magisterio, en todos sus grados, en carrera de miseria. Abandonadas las Bellas Artes en el aspecto que al Estado importa. Sin ninguna unidad orgánica la cultura. Irritante y dramática la desigualdad ante las instituciones de enseñanza. En síntesis: con respecto a la Instrucción Pública, la herencia de la Monarquía es ésta: mucho por hacer, y necesidad urgente de deshacer o rehacer todo lo hecho por ella.

Lo hecho y lo por hacer
en Enseñanza

»En Instrucción Pública, la revolución que ha instaurado la República ha realizado su obra. Como a mí me es grato decir: la República, en enseñanza, ha convertido en leyes las ilusiones de la revolución.

»¿Qué ha hecho? Primero: ha abierto siete mil escuelas. Y no en el papel de la *Gaceta*,[2] sino sobre el suelo dolorido y anhelante de los pueblos donde faltaban, procurando, además, que la escuela, con cantina, biblioteca y talleres o campos de experimentación, cumpla la función social que le está encomendada. Al próximo Presupuesto ha llevado la cifra que permita crear en el año próximo siete mil escuelas más. Segundo: ha establecido las Misiones Pedagógicas, que llevarán al ambiente rural todos los progresos de la ciudad: libros, cine, obras de arte, teatro, radio... Tercero: ha destinado una suma considerable a la selección de alumnos; los seleccionados pasarán de la Escuela primaria al Instituto, y del Instituto a la Universidad, sostenidos económicamente por el Estado. Cuarto: se ha au-

2. La *Gaceta de Madrid*, nombre del Boletín Oficial del Estado hasta 1936.

mentado el número de Institutos. Pero en el aumento no se atiende a dilatar la cantidad, sino que, considerando la obra de cultura general que los Institutos han de cumplir, se cuida que, al abrirse ellos, reúnan en instrumental de trabajo todo lo preciso. No se crean más Institutos; se crean nuevos Institutos. No se sacrifica la perfección al número, pero se mira más que al número a la perfección. Donde el Instituto no es posible y es necesaria la enseñanza Superior, se crea el Colegio de Segunda enseñanza, sostenido por el Estado; donde el internado es posible, se establece también. Y para que se gradúe la relación entre la Primera y la Segunda enseñanza, funcionan ya en algunos Institutos colegios preparatorios de Segunda enseñanza, estatuidos por un decreto del Gobierno de la República. Quinto: se ha dado a la carrera del Magisterio categoría universitaria. Sexto: se han creado las Escuelas de Estudios árabes en Granada y en Madrid; el Centro de Estudios hispanoamericanos en Sevilla, y se ha propuesto la creación de las Facultades de Economía.

»Es poco todo lo hecho, siendo mucho. Lo principal es haber dado unidad articulada y jerarquía a la educación nacional. Falta mucho. Pero el presupuesto que he entregado al Ministerio de Hacienda, y que espero aprueben las Cortes, representa sobre lo hecho un avance tan grande que ni Austria ni Méjico, ni Francia con Ferry, ni Rusia con Lunacharski, han cumplido en menos tiempo la obra revolucionaria que en la enseñanza ha realizado la República española. En menos de un año ha salvado tres siglos de retraso y ha dado al Estado en el orden pedagógico la categoría de un Estado europeo del siglo XX.

Dar unidad económica a España

»Creo que importa en el orden económico dar rápidamente la sensación de que la República es para los intereses una mayor garantía que ningún otro régimen. Legalizada con la Constitución y la elección del Presidente de la República, estatuida ya la normalidad legal, lo primero es disciplinar y articular los intereses, con objeto de que éstos entren en un período de plena actividad. Deber del Parlamento, que tiene por misión discutir y aprobar las leyes complementarias, es dar un ideal a la economía española. Por no tener deudas de guerra, ni sacrificios de grandes impuestos, ni mercados perdidos, ni una sobrepoblación, España tiene posibilidades de desenvolvimiento económico como ningún otro pueblo de Europa. La catástrofe económica de Inglaterra y Alemania se debe principalmente a que durante la guerra los Estados Unidos y la Argentina les suplieron en la producción y ocuparon sus puestos. España no se halla en este caso. Puede ser consumidora de sus propios productos. Lo que necesita es ver en grande, y con unidad, y con confianza, y con audacia, su problema económico, y el Estado, dando a todos seguridad y orientación e imponiendo a todos disciplina, señalar y exigir la solución. Dando trabajo, amparando al obrero parado si existiere, promulgando leyes sociales como las que tienen ya establecidas los Estados democráticos, el Estado ha de imponer a las fuerzas obreras más avanzadas y exigentes el respeto a las leyes. Ha de dar a los obreros todos los derechos consubstanciales al espíritu de nuestro tiempo; pero ha de lograr que no se aparten de los deberes que tengan. Del mismo modo, la tierra, el dinero y la fábrica han de cumplir inexorablemente su función social. Si no han de consentirse huelgas ilegales, tampoco ha de consentirse que el capital se esconda o escape, que la tierra no se cultive o que se cierre la fábrica. La República ha de dar unidad, articulación y orientación a la economía en un plan que habrá de aprobar el Parlamento. Y el Estado ha de exigir que todos los factores de la producción se sometan a este plan. Haciéndolo, la República no sólo habrá conseguido, por la vida dentro de la ley, que España sea una nación libre, y por la enseñanza, que sea una nación culta. Habrá conseguido también que sea una nación rica. Pudiendo serlo como ninguna otra nación europea, debe serlo.

Las derechas perdieron su hora

»Esta obra es más de las izquierdas que de las derechas. Las derechas dejaron pasar su hora. Su hora daba los últimos minutos en el momento que Sánchez-Guerra se levantaba en el teatro de la Zarzuela para pronunciar un discurso que hubiera sido histórico si con él se hubiese pretendido influir audazmente en la Historia.[3] En aquella hora, yo me dirigí a Sánchez-Guerra con una carta apremiante y estimuladora. Le señalaba en ella la posición transigente, de espíritu de colaboración, de apoyo de las izquierdas. Le decía a Sánchez-Guerra que podía ser Thiers[4]

3. José Sánchez-Guerra y Martínez (1859-1935), varias veces ministro y presidente del Consejo durante el reinado de Alfonso XIII, se opuso a la dictadura de Primo de Rivera, contra la que orquestó un fallido golpe de Estado en 1929. Una vez dimitido el dictador, pronunció el 27 de febrero de 1930 una arenga en el teatro de la Zarzuela, donde se declaró antialfonsino pero monárquico.
4. Louis Adolphe Thiers (1797-1877), historiador y político francés, fue varias veces primer ministro bajo el reinado de Luis Felipe y, tras la caída del Segundo Imperio, fue nombrado presidente provisional de la Tercera República Francesa.

si se atrevía a serlo. Sánchez-Guerra en aquel discurso fue juez, no estadista; fue debelador del pasado, no constructor del futuro. Se apartó del rey, pero no acabó de acercarse al pueblo. Se fue de la Monarquía, pero no entró en la República, y la hora de las derechas pasó. Cuando el 12 de diciembre Galán se sublevó en Jaca,[5] las izquierdas democráticas advirtieron que si ellas no precipitaban el movimiento su hora pasaría también.

»Cuando Sánchez-Guerra se sublevó en Valencia, el movimiento revolucionario lo integraban dos elementos: los que sufrían desengaños y los que sentían ilusiones. Los que sentían ilusiones eran menor número que los que sufrían desengaños. Era, por consiguiente, un movimiento que podía acaudillar un desengañado. Es decir, un conservador. Cuando en Jaca se sublevó Galán, el movimiento potencial que había en España lo integraban los mismos elementos. Pero había cambiado ya la proporción: los que sentían ilusiones eran mayor número que los que sufrían desengaños. Es decir: era ya un movimiento liberal. Por esto, son las izquierdas quienes deben actuar. Porque lo terrible de la República no sería que los desengañados de la Monarquía se desengañaran también de ella, sino que quienes pusieron en la República las ilusiones las perdieran. No es hora de dar sólo satisfacción a los desengañados, sino de dar leyes a las ilusiones. Y si los desengañados de la Monarquía lo eran porque ésta hacía menos de lo que debía hacer, y lo son ahora de la República porque ésta hace más de lo que pensaban que haría, la crítica de estos

5. Como ya se ha observado en la «Nota a la presente edición», la fracasada sublevación de Jaca, liderada por los capitanes Fermín Galán y Ángel García el 12 de diciembre de 1930, fue la insurrección militar que había planificado el comité revolucionario surgido del Pacto de San Sebastián.

desengañados evidenciará que la República va sirviendo a las ilusiones. Es decir: que va siendo lo que debe ser. Y esto es lo fundamental. Los desengañados que se apartaron de la Monarquía, dejándola que se derribase en el aislamiento más absoluto, han de pensar que lo peor que le podría suceder a España es que quienes pusieron sus ilusiones en la República la abandonaran también por creer que les había defraudado. Siendo la República de las izquierdas, será de las ilusiones; y siendo de las ilusiones, España, con libertad y autoridad, hará su camino en la Historia.

Las izquierdas, instrumento de gobierno

»El deber de las izquierdas republicanas es constituir un instrumento de gobierno. Serlo. Ha pasado el momento de los partidos republicanos locales y autónomos. Ha pasado el momento de las etiquetas que recuerdan caudillismos o doctrinas superadas o disciplinas inservibles. Han de articularse grandes núcleos políticos que concentren grandes masas de opinión. Ha de existir un republicanismo de derecha fuerte, trabado; un republicanismo de centro, contemporizador, de transacción. Los responsables de que este republicanismo exista pienso que cuidarán rápidamente que así sea.

»Por estar yo en la izquierda, lo que se me impone como responsabilidad apremiante es que el republicanismo de esta tendencia sea un eficaz instrumento de gobierno. Como republicanismo de izquierda existen: el partido radical socialista, la Acción Republicana, la izquierda catalana. ¿Qué separa ideológicamente a estos partidos? Nada. ¿Qué les distancia en el orden de sus figuras representativas? Nada, tampoco. ¿No sería de urgencia que estos tres núcleos se federaran o se fundieran, se inteligenciaran o se fusionaran, constituyendo un solo núcleo, voluminoso por su extensión, elevado por la calidad de sus dirigentes, respetable por el servicio que prestaría a la República dándole un órgano de gobierno que por sí solo pudiera asumir en una hora propicia las plenas responsabilidades del Poder?

»Los partidos republicanos han de pensar que han contraído ante el mundo, y ante la Historia, y ante su conciencia, la responsabilidad de gobernar a España. Y que si España es una República democrática sólo se puede gobernar mediante partidos. Y que estos partidos no deben ser lo que los partidos republicanos eran en la oposición, sino lo que han de ser en una España que ya no es de los reyes ni de los dictadores, sino de la democracia republicana.

La próxima crisis

»Esta crisis de la semana que entramos, teniendo que continuar las Constituyentes e incumbiendo principalmente a ellas la aprobación de las leyes complementarias, sólo puede liquidarse formándose un Gobierno como el actual. Otro Gobierno imposibilitaría el funcionamiento de las Cortes, y a todos importa que las Cortes funcionen.

»Los socialistas no deben presidir el Gobierno, pero no pueden ser excluidos ni excluirse ellos de él. No pueden excluirse, porque a ellos importa que el espíritu de la Constitución se traduzca en leyes que han de ser obra de las Constituyentes; no pueden ser excluidos porque, en la oposición, los socialistas se sentirían arrastrados a la crítica, y de la crítica a la divergencia, y de la divergencia a la hostilidad, y de la hostilidad al combate. No. Los socialistas han colaborado en el movimiento revolucionario; han sido en el Gobierno leales, entusiastas, firmes, eficaces colaboradores. Deben seguir siéndolo hasta el momento en que, articuladas las tendencias del republicanismo en la forma que acabo de indicar, hayan constituido instrumentos de gobierno independientes.

Una reacción produciría una nueva revolución

»La revolución dentro de la ley y con la ley y por la ley impedirá la revolución fuera de ella. Por esto, anhelante la opinión, interesa que gobiernen las izquierdas. Ellas solamente pueden hacer que la revolución política signifique, al propio tiempo, la evolución social que evite la revolución social. La revolución social sólo se evita realizando la evolución social. Esto no han de olvidarlo quienes quieren contener la evolución social y desviar o contener la revolución política. Piensen esto: que los que se asustaron de Kérenski y lo aislaron o lo combatieron pensando volver al zarismo, adonde volaron al caer Kérenski fue al Sóviet. Que los que temieron a Madero y se alzaron contra él, pensando caer nuevamente en la dictadura de Porfirio Díaz, adonde fueron es a Obregón y a Calles. Cuando hay problemas que exigen soluciones radicales, y multitudes, pleno el espíritu de ilusiones y necesidades que angustian, y extremismos desesperados, si se entra en la ley y ésta es democrática y permite todos los avances, dentro de la ley democrática los extremismos se corrigen, las necesidades se remedian, las ilusiones se realizan y los problemas se solucionan. Si la ley democrática desaparece ya no se vuelve nunca a lo que cayó, sino que los extremismos más utópicos se imponen, dando un enorme salto hacia lo desconocido o hacia un horizonte ilusorio.

»Si la ley democrática, para cumplirse, impone sacrificios, estos sacrificios son siempre menores que los que se impondrían si la ley democrática desapareciese. La democracia, en definitiva, es una civilización en la que no había entrado España, en la que estaba Europa, y cuantos, en la derecha o en la izquierda, con intereses o con ideales, quieren que España viva en Europa han de sentirse preocupados en la misma obra de salvar la civilización que la democracia republicana simboliza, encarna y salva.

EL PRESIDENTE DE LA REPÚBLICA, NICETO ALCALÁ-ZAMORA, SOBRE SUS IDEAS Y SU MANDATO[1]

Ahora, 13 de diciembre de 1931

¿Cómo piensa Alcalá-Zamora? En el momento mismo de su exaltación a la Presidencia de la República hemos ido a preguntárselo. No era ocioso hacerlo. Su intervención constante y decisiva en los acontecimientos que de un año a esta parte han cambiado el rumbo de España ha acusado netamente el perfil espiritual de su figura, y a lo largo de su actuación, revolucionaria primero y gubernamental después, el país ha podido fijar con bastante precisión el pensamiento del hombre que ha elegido para la más alta ma-

1. El titular original reza: «El presidente de la República habla a los lectores de *Ahora.* — El excelentísimo señor don Niceto Alcalá-Zamora habla a uno de nuestros redactores del proceso de sus ideas políticas y de la línea general que ha de seguir durante su mandato presidencial». Alcalá-Zamora provenía de la Derecha Liberal Republicana, partido que había fundado con Maura en 1930 y que en agosto de 1931 había cambiado su nombre por el de Partido Republicano Progresista. Fue Presidente del Gobierno Provisional de la República Española hasta el 14 de octubre de 1931, cuando tanto él como Maura abandonaron el gobierno por su discrepancias con los socialistas, los izquierdistas y los radicales en cuestiones como la clerical. Tras ello, fue elegido de nuevo presidente (del gobierno ordinario) de la República el 2 de diciembre, y desempeñó el cargo desde el día 11 del mismo mes hasta el 7 de abril de 1936.

gistratura del Estado. Hemos creído, sin embargo, que en este instante en que el hombre se transforma en Poder moderador, en este momento de deshumanización, pudiéramos decir, lo más importante era hacer hablar al hombre de sí mismo, de su mecanismo espiritual, del esquema intelectual de su Patria que a lo largo de su vida de luchador político haya ido construyendo.

En un rinconcito de esta casa que don Niceto Alcalá-Zamora, celoso de su bienestar burgués, no quiere cambiar por el Palacio de Oriente, una casa hoy invadida por una muchedumbre de gentes que vienen a dar el parabién, nuestro hombre —porque es al hombre y no al Presidente a quien venimos a buscar— se aísla del bullicio y, escudriñando en sus recuerdos y en su intimidad, nos dice:

Por qué hago compatibles el respeto a la República y el fervor revolucionario

—Toda mi vida he estado preparado, desde la niñez, para la comprensión de la vida política y de un período revolucionario. Yo nací y me formé en una familia muy ligada a la historia política, revolucionaria y novelesca de España.

»La primera figura que yo recuerdo grabada en mi espíritu era la de Prim, presidiendo la habitación donde nos reuníamos en mi casa, como si fuera un pariente —y casi lo era—, porque quizá con quien mayor intimidad política tuvo fue con un hermano de mi padre, el célebre cura Alcalá Zamora, diputado a Cortes del 69. La avidez de mi imaginación infantil se exaltaba y se saciaba con los relatos que yo oí a mi padre, y, sobre todo, a mis tías paternas, de las andanzas novelescas del cura. Y por ese influjo insospechado que tienen las cosas, la imagen de un cura revolucionario, al que yo no conocí, yendo con sus hábitos a votar la libertad de cultos y todos los principios democráticos de la Constitución del 69, empezó por modelar mi espíritu en el sentido de una compatibilidad perfecta y absoluta, que he mantenido siempre, entre la ortodoxia casi mística y el fervor revolucionario.

Desde niño me habían inculcado que a un rey no se le puede tolerar que viole la Constitución

»Por otra parte, durante mi infancia mi padre me fue refiriendo anécdotas familiares que causaban una impresión igualmente indeleble en mi espíritu.

»Una de ellas perpetuaba el culto a la altivez de mi abuelo, cadete del Ejército, levantándose al pasar lista después del golpe de Estado de Fernando VII y diciendo: "No sirvo al rey absoluto", y abandonando la carrera. Todo esto era como una educación sistemática; un propósito de educación determinada no hubiera influido en mí más eficazmente que estas anécdotas familiares. Vivía en mí también el recuerdo de otro de mis tíos, ayudante de Espartero, que abandonó la carrera militar cuando se eclipsaba la estrella del vencedor de Luchana; todas estas cosas iban formando la sedimentación de mi alma, y cuando, buscando una especie de contrapeso a estas sugestiones de rebeldía, inquiría yo noticias de mi familia materna, me encontraba con que no era un contrapeso lo que hallaba, sino un complemento, porque en la familia de mi madre había habido también un diputado de las Constituyentes del 71, pero republicano.

»Esas tradiciones, esos recuerdos de niño, quizá expliquen la formación de mi espíritu mejor que nada. Por todo ello, las zozobras de un período revolucionario y las alternativas a que está expuesto, el encanto romántico de esa clase de lucha y la idea del deber de sostenerla, todo me era familiar desde que tenía cinco o seis años, y quizá esta explicación de mi infancia, influida por mis ascendientes, sea el prólogo más adecuado para comprender mi ideología y mi espíritu.

»La primera idea política que yo tuve fue la de que a un rey no se le puede tolerar que viole la Constitución. Eso me parecía como un legado familiar, como uno de esos principios inflexibles, al que yo no podía faltar. Y he aquí el enlace de aquello, que parece tan remoto, con la actitud mía desde el golpe de Estado.

Cómo se forjó mi persistencia en el propósito y mi fijeza de ideas

»Una de las circunstancias que más claramente explican mi carácter, y acaso la que más ha influido en mi formación, es la de que yo soy casi un autodidacta. Me eduqué solo, guiado de mis preferencias espirituales casi siempre. Cuando murió mi madre, a la que yo no conocí, me recogió una tía mía, que tuvo, según parece, el propósito de educarme en el extranjero, cosa bastante insólita por aquel entonces. Pero aquello no pasó de propósito; la muerte de mi tía, sobrevenida dos años después de la de mi madre, me dejó en libertad para que fuese yo mismo quien buscase el rumbo de mi educación. Mi padre, hombre de enorme afición al estudio, fue mi único profesor en los primeros años. Luego, fui yo mismo mi propio mentor; no fui al Instituto ni a la Universidad más que para examinarme, y seguí toda la carrera hasta el doctorado sin haber escuchado las explicaciones de ningún profesor. Sólo asistí cuatro o cinco días a la clase de Historia de España en la Universidad. Es más, al mismo tiempo que estudiaba fui profesor de varios muchachos de mi pueblo de mi misma edad, y aun de algunos mayores que yo, amigos y condiscípulos a los que yo preparaba, aunque juntos nos presentásemos a los exámenes en el Instituto y en la Universidad.

»¿No cabe atribuir a este proceso de autoformación de mi vida la persistencia en el propósito y la fijeza de ideas a que he aspirado siempre?

Dos hombres: Azcárate y Ureña

»En el proceso de formación del adolescente tienen una influencia decisiva aquellas figuras cumbres que en el momento culminante llenan su panorama espiritual. Esas figuras que influyeron decisivamente en mí las encontré cuando vine a Madrid a hacer el doctorado. Fueron don Gumersindo Azcárate y don Rafael Ureña; Azcárate en un sentido político y Ureña en una dirección jurídica.

»Azcárate llegó a tomarme verdadero cariño; tan grande fue su afecto por mí que en una ocasión me dijo que si no fuese adversario como era de todo lo que significase amaño o influencia personal en la provisión de cátedras, él se hubiese considerado satisfecho haciendo una propuesta personal en mi favor. Azcárate ha sido una de las personas que más he querido y respetado en el mundo.

»Fue en la cátedra de Azcárate donde escuché los primeros aplausos de mi vida; al terminar cierto día una disertación que se me había encargado, y a pesar de que Azcárate no toleraba ovaciones en su clase, estalló una salva de aplausos, con la que premiaron mi labor mis condiscípulos. A raíz de aquello, Azcárate escribió una carta de felicitación a mi padre, carta que él conservó toda su vida y que le produjo una alegría y un orgullo inexpresables, según él mismo decía.

Lo fortuito en mi vida

»Creerán muchos que mi vocación fue literaria desde el primer momento. No fue así. Yo soy abogado por casualidad, aunque a la abogacía haya debido toda la suerte de mi vida. Mi vocación al salir del Instituto me inclinaba hacia la Facultad de Ciencias.

»Yo había hecho el Bachillerato estudiando sus asignaturas sin grandes preferencias, con esa monotonía antipática y desagradable, si se quiere, del buen estudiante. No hubo un relieve que marcara mi vocación. Recordando cuidadosamente, creo que lo que más me agradaba era el latín, las matemáticas y la Botánica. Así es que cuando terminé el Bachillerato e hice examen de conciencia, mi inclinación se mostró resueltamente hacia la Facultad de Ciencias. Hasta mi afición al latín, auxiliar de nomenclatura, me servía para esta disciplina.

»Circunstancias fortuitas de familia hicieron que aquel primer designio mío no se cumpliera. No pude marchar de mi pueblo ni matricularme, y entonces mi padre me aconsejó que estudiase la carrera de Derecho, que podía seguir desde el pueblo, sin necesidad de tener que ir a la Universidad y contando con el auxilio de sus explicaciones.

»Terminé la carrera a los diecisiete años, y entonces surgió de nuevo en mí el deseo de seguir la carrera de Ciencias. Pero entonces hubo algo en mi vida que puede tener también una cierta significación.

Disciplina militar y espíritu civil

»Cuando ya había terminado mi carrera, mi padre, que había sido compañero de Weyler en la época en que se preparaban ambos para la carrera militar y que conservó con él una íntima amistad, me dijo un día sonriendo: "Ahora que ya no tiene remedio, te voy a decir que mi deseo era que hubieses sido militar. No quise decírtelo antes para no forzar tu inclinación".

»Yo me quedé asombrado ante este propósito, porque, sea cual fuere el temple de alma que yo haya podido tener en circunstancias difíciles de mi vida, me considero uno de los temperamentos más pacíficos del mundo. Por otra parte, nunca me ha subyugado la vistosidad de los uniformes. Se lo dije así a mi padre, y recuerdo que me contestó severamente: "Eso es lo accesorio; el rasgo característico del militar es el sentimiento íntimo del cumplimiento del deber por encima de todo. Y ese sentimiento es el que preside tu vida desde pequeño. Porque lo he observado quería hacerte militar".

»Es cierto que desde niño tuve la idea inmutable del deber por encima de todo. Lo he reconocido así después de haber militarizado mi vida, de haber sido ministro de la Guerra, de haber presidido la Comisión permanente de Guerra y Marina casi desde su creación y de tantas y tantas otras actuaciones marcadas por un espíritu de disciplina auténticamente militar; pero confieso que me causó una profunda sorpresa aquel descubrimiento de mi padre en mi psicología infantil todavía.

»No quise contrariar a mi padre, y aunque no le dije nada, me puse a prepararme para ingresar en la Academia Militar. Me presenté en la primera convocatoria; pero mi padre al saberlo se negó obstinadamente. Pasaron muchos años antes de que él me diese la razón de aquella negativa obstinada que contrariaba su deseo. Con una gran clarividencia, aunque vivía encerrado allá en el pueblo, había visto lo que entonces sólo vio Pi y Margall. Se jugaba mi porvenir allá por el año de 1895, y mi padre preveía la inutilidad de la guerra de Cuba, guerra sin gloria y sin grandeza, guerra de agotamiento. Pasado el tiempo me dijo: "No quise porque preveía la pérdida de las colonias y el agotamiento en ellas de la juventud española. Para una guerra grande no te habría regateado; para una guerra de consunción no te he querido sacrificar".

Una política muy avanzada e intransigente con todo despotismo, pero deseosa de paz

»Hubo algo que también influyó decisivamente en mí y que andando el tiempo, aunque yo entonces no pudiese sospecharlo, había de servirme como norma precisamente en este trance por que atraviesa ahora mi existencia. Fue el vivo ejemplo de la vida de mi padre, que luchó en política durante toda su vida, como tantos otros de mi familia, y en estas luchas que tenían el reducido escenario de la vida local procuró siempre serenar las pasiones y acallar el eco pueblerino de los odios que desencadenaron en España las guerras civiles. Esta idea, de una política muy avanzada, intransigente con todo despotismo, pero deseosa de paz y de concordia, fue mi primera lección política y ha influido para siempre en mi modo de ver los problemas de la actuación pública.

La decisión de intervenir en la política

»Después, los rumbos de la vida, que son cosa ajena a nosotros y que no dependen las más de las veces de nuestra voluntad, sino de un cúmulo de circunstancias exteriores, hicieron que yo, que había venido a Madrid para dedicarme al Profesorado, ingresase en el Consejo de Estado, por indicación precisamente de Azcárate. Me encontré, pues, con que a los veintiún años era el número uno de la promoción y tenía una carrera que me acercaba fatalmente a la vida política. Del Consejo de Estado habían salido Posada Herrera, Silvela y tantos otros hombres políticos. La orientación estaba tomada.

»Empecé a actuar políticamente. Desde el primer momento Sagasta y Moret me recibieron con mucho afecto. Mi vocación estaba perfectamente definida. Hubo un momento en el que pensé ingresar en la Magistratura. A los veintiséis años pude haber sido presidente de Audiencia territorial. No lo logré, y ésa fue mi fortuna. Aquella contrariedad la recibí como un presentimiento de que no era la carrera judicial mi camino. Entonces empecé a trabajar como abogado, y ésa fue mi suerte.

»He relatado a lo pormenor los hechos significativos de mi existencia en mi infancia y en los primeros años de mi juventud, cuando el porvenir del hombre se decide. De estos hechos, que a mí se me antojan sintomáticos, derivo yo la norma ideal que guía mis pasos y decide en las ocasiones solemnes de mi vida. Posteriormente, el hombre está ya formado y su actuación pública tiene el realce suficiente para que no sea él, sino sus contemporáneos, quienes la interpreten.

Senequismo

»Y ahora, al encontrarme revestido de la más alta magistratura de la nación, y al recordar la huella honda de estas alternativas de mi vida, no quiero dejar de consignar, como rasgo fundamental de mi carácter, la serenidad para mirar las mudanzas del destino. No olvido que, aunque de un pueblo distante de la capital cordobesa, al fin y al cabo soy cordobés, y los cordobeses tenemos siempre en nuestra alma un registro grave y un sentido estoico del vivir que nos permite enfrentar dignamente la sucesión de las épocas, las mudanzas y revoluciones, las ansias de las generaciones. Este sentido cordobés da una gran serenidad para abordar los graves problemas. Mientras estuve en la cárcel[2] mi lectura favorita era Séneca. Séneca y Raimundo Lulio han sido las dos sombras protectoras de mi alma. En el homenaje reciente a la memoria de Julio Romero de Torres dije que el estoicismo cordobés es un diapasón constante del alma cordobesa, desde Séneca hasta Lagartijo.[3] A este son grave he querido unir la vibración de mi alma.

»Es así como he aprendido desde niño a mirar las alternativas de la vida como cosas llanas y corrientes; así es como me penetré de la idea del deber, y respondiendo a todo esto actué como lo hice cuando se presentó la ocasión de que tuviera que hacerlo decisivamente.

2. Tras el fracaso de la sublevación de Jaca, fue condenado por el delito de conspiración para la rebelión militar.
3. Rafael Molina Sánchez, conocido como Lagartijo, fue un célebre torero del siglo XIX.

No me hago ilusiones,
que es el modo de no perderlas

»¿Mi sentido íntimo del Poder? ¿Mi disposición de ánimo ante el hecho de mi exaltación a la Presidencia de la República? Confieso que en este momento culminante de mi vida hay un yo que queda anonadado por la magnitud de los sucesos; pero hay, al mismo tiempo, en mí otro yo que conserva íntegra la serenidad necesaria para cumplir fríamente su deber.

»No me forjo ilusiones, que es el modo de no perderlas. Comprendo en toda su amplitud la trascendencia de este período que vamos a atravesar, en el que, además de las dificultades que hoy presenta en todos los casos la gobernación de los pueblos, hay las dificultades inherentes a un período en el que se empieza a sentar una nueva jurisprudencia política. Hay, ante todo, que consolidar el régimen y llevar a la práctica las normas para las relaciones entre los poderes. Encauzar la vida de España presenta una serie de dificultades considerables, que creo medir con toda exactitud. Hay, ante todo, que resolver el problema de los Estatutos regionales, aplicar la Constitución, votar las leyes complementarias y resolver la primera crisis...

La obsesión de la paz

»Veo el presente y creo prever el porvenir con bastante claridad, tal como lógicamente debe ser... Por eso no caeré en el pesimismo. No veo el porvenir de España como una era idílica, y mi propósito y mi fe es que podré, con la ayuda de todos, llegar a la normalización de la vida española, devolviendo la paz al país y afirmándola, ya que ésta es mi principal obsesión, la obsesión que tuve siempre, aun en los momentos en los que me hallaba sumergido en los trastornos revolucionarios.

El viaje a América

»Más tarde... Si puedo, haré el viaje a América, que es mi aspiración ideal como Presidente de la República. Creo que éste es un deber que hasta aquí estuvo incumplido por el jefe del Estado español. Encauzada la vida de la nación, creo que es de este modo como puedo conseguir la mayor suma de voluntades para nuestro país.

»Cuento para esta gran obra con la ayuda de todos, porque yo tengo de la Historia un concepto que ya expuse en uno de los artículos recientemente publicados en *Ahora,* que es el de que la Historia no es la obra de unos cuantos hombres destacados, sino la obra de todos, el resultado de una colaboración universal. Esta cooperación de todos es la que yo necesito. Si la obtengo, por mucho que yo pueda equivocarme personalmente, no le temo a nada. Y si no consiguiera esa cooperación, la firme voluntad de condicionar a ella mi intervención personal deja sosegada mi conciencia.

CÓMO PIENSA FRANCISCO MACIÁ, PRESIDENTE DE LA GENERALIDAD[1]

Ahora, 20 de diciembre de 1931

Maciá es hombre de acción que ha reflejado siempre su pensamiento en la eficacia de las resoluciones mejor y con más fidelidad que en la fría exposición de su ideario. Prefiere dejarse llevar por el torrente sentimental que impulsa sus actuaciones a perderse en prolijas justificaciones verbales. Poco amigo de largas declaraciones, le basta sentirse movido por un impulso generoso que le hace querer el bien para decidir sus actos y considerarlos sobradamente justificados.

Cuando hemos querido conseguir de él una exposición sistematizada y completa de su pensamiento se ha resistido tenazmente. Hemos tenido que insistir mucho para hacerle ceder. Pero el único modo de situar exactamente

1. En el titular original se lee: «Cómo piensa Maciá. El presidente de la Generalidad, don Francisco Maciá, nos habla de las relaciones de Cataluña con el resto de España, de la cuestión social catalana, del problema del Estatuto en las Cortes y de su opinión sobre el nuevo Gobierno». Esta entrevista, a diferencia de las anteriores, vio la luz después de la constitución del nuevo gobierno (el tercero de la Segunda República), lo cual había ocurrido el día 16. El cambio fundamental en dicho gobierno consistió en la salida de los ministros que aportaba el Partido Republicano Radical: Alejandro Lerroux y Diego Martínez Barrio.

esta discutida figura de don Francisco Maciá es hacerle hablar sobre los motivos íntimos de su acción. Haciéndole hablar hemos creído que podrían deshacerse muchos equívocos forjados alrededor de este hombre singular, en quien Cataluña ha personalizado sus aspiraciones. Con lo que piensa Maciá se puede estar o no estar conforme; pero lo esencial es divulgar entre la opinión española, que no lo conoce o lo conoce mal, su pensamiento. Dice así el presidente de la Generalidad:

La fe en el triunfo

—Al reflexionar ahora sobre la trayectoria que ha seguido en los últimos años el sentimiento de libertad del pueblo catalán, quiero hacer constar, ante todo, que, a pesar de las vicisitudes de la lucha, nunca me sentí impotente ni perdí la confianza en el triunfo. Aun en los momentos más difíciles fui optimista. Basaba mi confianza en que el pueblo catalán, consciente de su propia personalidad, sentía verdaderamente el ansia de libertarse. Toda la trayectoria de mi vida la determina esta confianza absoluta, ciega, en el pueblo catalán. Cuando, ante mis planes y mis sueños de rebeldía, alguien me atajaba diciéndome: "¿Y sabemos acaso cómo responderá el pueblo catalán? ¿Cree usted que será capaz de responder al sacrificio que por él vamos a realizar?", yo replicaba siempre: "Ya veréis cómo el pueblo vibra como un solo hombre cuando se le diga que ha llegado la hora de conquistar su libertad; ya veréis entonces cómo se porta". Tuve esta convicción aun en aquellos años duros de la Dictadura, cuando la gran masa estaba atemorizada o parecía indiferente.

La revolución hubiera estallado
aun sin la victoria electoral

»Que yo tenía razón quedó demostrado aquel día glorioso en que proclamé la República en la plaza de San Jaime acto seguido a la victoria electoral.[2]

»En cuanto a la significación y los orígenes de este hecho me interesa advertir que no fue puramente fortuito. Durante mi estancia en Bruselas ya había concebido yo el proyecto de provocar una huelga general, y con esta finalidad me había puesto en contacto con los elementos que pudieran secundar este designio mío. Mi plan consistía en que, una vez declarada la huelga —aún bajo el régimen de Dictadura—, un día determinado se congregasen las multitudes huelguistas en la plaza de San Jaime y allí, a despecho de la represión que el dictador pudiese disponer, conquistar la libertad del pueblo catalán. Mi sueño era que una vez conseguida esta libertad de Cataluña, nuestro pueblo

2. Ese fue el problema más inmediato que tuvo que afrontar el gobierno provisional de la Segunda República española. El mismo día en que se proclamó dicha República, se produjo también la proclamación de la República Catalana. Alrededor de la una y media de la tarde, Lluís Companys, que había obtenido una clara victoria para Esquerra en las elecciones municipales del día 12, salió al balcón del Ayuntamiento de Barcelona, en la plaza de Sant Jaume, para proclamar la República e izar la bandera republicana. Pero cerca de una hora después y en el mismo balcón, el líder de Esquerra, Francesc Macià, se dirigió a la multitud y proclamó «*L'Estat Català, que amb tota la cordialitat procurarem integrar a la Federació de Repúbliques Ibèriques*». Días después, tres ministros del gobierno provisional llegaron a un acuerdo con Macià: Esquerra Republicana renunciaba a la República Catalana a cambio de que el gobierno provisional presentase en las futuras Cortes Constituyentes el estatuto de autonomía decidido por Cataluña, «aprobado por la Asamblea de Ayuntamientos catalanes». Tal estatuto, revisado por las Cortes, sería finalmente sancionado en septiembre de 1932.

ayudase a los demás pueblos de España a sacudir el yugo y todos juntos formásemos una federación que dictase la Constitución por que habían de regirse los españoles dentro de un régimen federal. Poniendo en juego el prestigio que yo pudiera tener y sucediera lo que fuese, yo estaba dispuesto a realizar dentro de la Dictadura una verdadera revolución. Esto no era sólo un pensamiento mío, sino que contaba ya con gente que se hallaba dispuesta para ello, no sólo en Barcelona y en diversos puntos de Cataluña. La revolución —claro es que hasta ahora no lo he dicho a nadie— hubiese, pues, estallado en Cataluña aun cuando no se hubiesen ganado las elecciones.

Cómo preparé el golpe de Prats de Molló[3]

»El intento de Prats de Molló respondía a otra táctica. Era el ademán de prender fuego a la mecha de un polvorín. Habíamos conseguido hacer una organización de fuerzas que tenían la misión de pasar la frontera, tomar algunos pueblecitos, reducir a la impotencia a las fuerzas de la Guardia Civil que los guarneciesen e ir sembrando la re-

3. El complot de Prats de Molló hace referencia al intento de invasión militar de Cataluña desde Francia para proclamar la República Catalana, que fue descubierto y abortado en 1926. Había sido planificado por Francesc Macià y la dirección de Estat Català (el partido independentista e insurreccional creado por el propio Macià en 1922). Con el advenimiento de la República en 1931, dicho partido se unió al Partit Republicà Català de Lluís Companys y el grupo *L'Opinió* para fundar Esquerra Republicana de Catalunya (ERC), que estuvo liderada inicialmente por el citado Macià, quien en abril se convirtió en presidente de la Generalidad. Tras su fallecimiento el 25 de diciembre de 1933, Companys lo sucedió al frente de la institución y como máximo dirigente del partido.

beldía por las comarcas en que actuasen para levantar el ánimo de la población y que nos ayudase en la lucha que habríamos de tener con las primeras tropas gubernamentales que se enviasen. Yo esperaba, con esta táctica, tener tiempo suficiente para que estallase la rebelión en toda Cataluña antes de que nos aniquilasen. Todos nosotros —dije a aquellos hombres— vamos a jugarnos la cabeza, pero ya veréis cómo el pueblo catalán responde a nuestro grito heroico de libertad.

»Se ha hablado mucho de la aventura de aquel movimiento y se ha llegado a decir que no había en él más que la locura de trescientos hombres dispuestos a jugarse la cabeza. Yo aseguro que nuestra organización, aunque reducida, era perfecta por todos los conceptos, y que los mismos jefes de la Policía, cuando se apoderaron de nuestros documentos, declararon paladinamente que tenían mucho que aprender de nuestra organización. Teníamos, efectivamente, trazado nuestro plan estratégico y en los planos de toda Cataluña estaba marcado de antemano cómo habían de moverse nuestras fuerzas; conocíamos con la mayor exactitud los nudos de comunicaciones y las fuerzas que las defendían, las redes de Telégrafos y Teléfonos y sus centrales, la distribución de las fuerzas de la Guardia Civil, etcétera, etc. Sabíamos qué comunicaciones debíamos cortar y con qué elementos tendríamos que luchar en cada fase de nuestra actuación. Nuestra organización era, en una palabra, superior a la del Gobierno y estaba prevista para poderse adaptar a las más diversas circunstancias de la lucha. Todo estaba preparado y combinado al minuto; y si la Policía francesa no hubiese intervenido, como lo hizo, deteniendo a nuestros hombres, no hubiese sido tan fácil, como muchos suponen, reducirnos.

»Si en los primeros momentos de la lucha hubiésemos conseguido, como esperábamos, dar la sensación de una organización perfecta y de una dirección inteligente, la reacción del pueblo catalán en masa nos hubiese llevado en triunfo a Barcelona.

Mi separatismo
y mi concepto de la libertad de los pueblos

»Bajo el régimen monárquico, que nos prohibía nuestra lengua, nos quitaba nuestra bandera y procuraba ahogar la expresión de nuestros más íntimos sentimientos, yo era separatista. Ahora bien, siempre dije que yo era separatista de aquel Estado español monárquico, que nos vejaba y escarnecía. Cuando preparaba el golpe de Prats de Molló redacté un manifiesto dirigido a la opinión pública de toda Europa, que pensaba lanzar en el momento en que hubiese pasado la frontera, y en ese manifiesto explicaba, con esas mismas razones, mi separatismo. Decía entonces que el día que obtuviésemos nuestra libertad, la libertad que yo quería para Cataluña, dentro de un régimen federal, no admitía que fuesen unas Cortes elegidas como las que se han elegido ahora las que dijeran si concedían o no la libertad al pueblo catalán. Yo entendía que, desde el momento en que un pueblo siente y quiere su voluntad y lo expresa de una manera terminante, ya aquel pueblo no tiene por qué esperar a que unas Cortes se la den, sino que tiene derecho a proceder seguidamente a ir formando su estructura administrativa. Creía también que, en definitiva, la Constitución debía haber sido hecha por delegados de los distintos pueblos que, al libertarse, formasen la República Federal Española.

No pueden ser liberales
los que se opongan al Estatuto

»Para el porvenir yo tengo una gran confianza. Es innegable que todos los pueblos de España van sintiendo esos mismos deseos de encauzar su vida por este camino de libertad y democracia que yo propugno. Frente a los espíritus liberales no podemos tener ningún recelo. Ahora bien, hay quienes se dicen liberales y se oponen al Estatuto; y yo digo que, si es así, no son tales liberales; su concepto de la libertad es falso. Si se llaman liberales porque respetan la voluntad del pueblo, si vienen a actuar porque el pueblo les ha traído, si comprenden y reconocen la soberanía popular, ¿cómo pueden hacer resistencia a la decisión de un pueblo que ha sido tomada con el asentimiento del 85 por 100, no ya de los votantes, sino del censo? Es éste de la voluntad de Cataluña el caso de unanimidad de sentir más grande que se ha dado en el mundo. Yo sostengo, pues, que no pueden ser liberales los que quieran oponerse a la libertad que un pueblo exige de manera tan indubitable. Si se oponen es que no son representantes del pueblo ni mandatarios de la voluntad popular.

Por qué quiero un ejército voluntario

»Mi concepción del Estado es bien distinta de la que tienen ésos que se llaman liberales. Dicen ellos, por ejemplo, que el Parlamento puede decretar una guerra. Yo entiendo que no. No concibo la guerra más que como la decisión de un pueblo de defender las leyes y las libertades que a sí mismo se ha dado. Pero no la concibo de otra manera. Y siendo ésta mi concepción de la guerra, a ella responde la idea que yo me he hecho de lo que debe ser la organización militar de un país. El Ejército debe responder a una manifestación voluntaria y no obligatoria de la ciudadanía. Debería haber en la Constitución un artículo en el que se especificase que ningún ciudadano español está obligado a tomar las armas para hacer la guerra en el exterior. La esperanza de que en el porvenir todos los pueblos adoptasen esta misma actitud haría imposibles las guerras. Si el servicio militar no fuese obligatorio, es innegable que la guerra estaría prácticamente abolida.

La educación del pueblo y la justicia social

»En cuanto a la organización administrativa del pueblo catalán, nuestra principal preocupación es la de darle una amplia base. La cultura del pueblo, su educación política serán los cimientos de nuestra obra de gobierno. Queremos antes que nada elevar la cultura media del pueblo, porque sin ello el pueblo no llegará nunca a ser plenamente consciente de sus deberes y derechos ni será posible mantener una verdadera disciplina ciudadana. Es preciso, pues, que casi todos los medios económicos de que disponga el Gobierno de Cataluña se consagren a elevar la cultura media de los ciudadanos, pero no con arreglo a los sistemas rutinarios que hasta aquí se han seguido en España, sino por procedimientos pedagógicos modernos que lleven el ambiente de cultura a la vida toda del niño. Este nuevo sentido de la educación es el predominante en todos los países civilizados. Hay sobre todo que formar al maestro, evitar que la mentalidad de éste choque con la del niño como con un adversario. El educador ha de ser el camarada del niño, y su principal cuidado será el de desarrollar y orientar hacia el bien sus instintos. Las clases han de darse en el campo, en el taller, en la granja agrícola. Esta labor ha de hacerse con amor, porque, a mi juicio, ésta es una de las funciones más íntimas y delicadas que el hombre realiza. Con este criterio se podrán forjar hombres en los que el sentimiento más fuerte sea el de una mayor justicia social. Esta obra de cultura es la que primero debemos abordar si queremos tener mañana buenos ciudadanos.

»Otro de los aspectos que ocuparán preferentemente la atención del Gobierno de Cataluña será el de la Sanidad e Higiene públicas. Nos encontramos con que en España la media de vida no pasa de los veinticinco años, mientras en otros pueblos de Europa llega hasta los cincuenta años. Hay países en los que no se llega al 10 por 1 000 de defunciones, mientras en España pasa del 20 por 1 000, es decir, el doble.

Mi actitud ante el problema obrero de Cataluña

»En cuanto a la cuestión social, mi primera convicción es la de que las leyes que regulen el trabajo no pueden estar dictadas ni impuestas por un solo partido obrero, porque esto traería por consecuencia que toda la legislación del trabajo estuviese encaminada a favorecer a los trabajadores de un determinado sector, el partido gobernante, y yo no distingo de matices políticos entre obreros.

»Creo que si hoy mismo los obreros, por un acto de fuerza, obtuviesen el Poder, se encontrarían incapacitados para ejercerlo, por su falta de instrucción y de capacidad política. Las clases obreras necesitan para intervenir decisivamente en la gobernación del país pasar antes de su estado actual a un estado de cultura superior; necesitan una educación completamente distinta a la que se les da actualmente, que ahonda las diferencias de clase y las hace irreductibles. No puede ser que haya ningún niño, por pobre que sea, que deje de recibir las enseñanzas que sus disposiciones y su mentalidad requieran; ante la cultura, todos estarán en igualdad de condiciones, el hijo del poderoso y el del humilde, y así no estará vedado a ninguna clase social el llegar a los más altos puestos del Poder; llegará, proletario o burgués, el más inteligente, el que se halle mejor preparado, el de mejor y más fuerte voluntad. Esta justicia social es la primera que debe reivindicarse.

Ante todo la justicia social

»La justicia social es obra que sólo puede realizarse por medio de un conjunto armónico de leyes en las que no sólo estén recogidas las aspiraciones del proletariado, sino las de toda la masa productora, porque los problemas de la producción están íntimamente ligados, y no es posible lanzarse a dictar disposiciones aisladas y con una visión unilateral de los problemas del trabajo. Esta intervención parcial de los Gobiernos es la que determina, en la mayor parte de los casos, el problema del paro forzoso. Hay que planear la obra pensando en una legislación de conjunto y, sin apartarse del ideal de justicia para las clases obreras, ir evolucionando, según las posibilidades, hasta que el trabajador tenga la sensación de que con su trabajo le es posible disfrutar de una vida grata. Todos, obreros manuales y trabajadores intelectuales, tienen derecho a vivir con holgura. Hay que demostrar al que trabaja que la penosa labor que en la civilización moderna se le obliga a realizar es lo que le permite gozar, después de cumplida su misión, de los goces del espíritu, y que, después de dar de mano a la tarea en la fábrica, la granja o la oficina, puede ser un ciudadano que disfrute de una organización social encaminada a proporcionarle el esparcimiento espiritual a que tiene derecho. Recuerdo que la impresión más terrible que he tenido en mi vida me la produjo el espectáculo del trabajo en los gigantescos mataderos de Montevideo, donde millares de hombres, esclavos de un sistema absolutamente mecánico, pasaban la jornada ejecutando con precisión de autómatas los mismos movimientos. Las reses, desde que entraban en el edificio, iban pasando por medio de plataformas mecánicas por las sucesivas operaciones de sacrificio, descuartizamiento, limpieza, frigorificación, etcétera. Todos los trabajos habían de hacerse con rigidez automática. Cada hombre, en su puesto, estaba las ocho horas enteras repitiendo automáticamente un mismo movimiento. Viendo aquel espectáculo, yo pensé que la necesidad más urgente de aquellos hombres, a los que se había convertido en verdaderas máquinas, era la de disfrutar, al salir de aquel infierno mecánico, de una vida que tuviese cuantiosas satisfacciones de índole espiritual. Es preciso que al terminar su trabajo este hombre encuentre una casa cómoda e higiénica y le sea posible salir a recrear su espíritu con las cosas bellas y gratas del mundo. El obrero que después de este trabajo desesperante que impone el maquinismo encuentra una vivienda ingrata, y no halla satisfacción para sus necesidades espirituales, cae fatalmente en el alcoholismo y en la desesperanza, convirtiéndose en un ser pernicioso para la sociedad.

A lo que no estamos dispuestos

»Eso hay que cambiarlo, por encima de todo. Para hacer este cambio y conseguir que los demás pueblos de España lo hagan también, queremos el Estatuto. Éste es hoy nuestro ideal más fuerte. A lo que no estamos dispuestos es a que, ofreciendo nosotros un porvenir forjado por generosos ideales, se quiera deshacer nuestra obra con falsas interpretaciones. El amor es lo único constructivo del mundo, y hay que dejar a un lado los rencores y los odios de clase, que no sirven más que para destruir. Queremos construir, guiados por nuestro amor a los obreros y a los humildes todos, para producir, al fin, un pueblo cuya moral grandiosa le dé un indiscutible poderío. Cuando las clases trabajadoras se penetren de que ésta y no otra es nuestra ilusión, la situación social irá modificándose. En esta evolución confío.

No queremos el Estatuto para apartarnos de los demás pueblos de España

»Ante el planteamiento de la cuestión del Estatuto de Cataluña en el Parlamento, mi posición es terminante. Yo no puedo dudar de que el Estatuto se aprobará, porque tengo fe en la lealtad de los diputados a la representación popular que ostentan. Si así no fuese tendría derecho a considerarme engañado: "No tenéis —les diría— ese espíritu comprensivo y liberal que os ha otorgado su representación".

»Si nosotros dijéramos que queríamos el Estatuto para apartarnos de los demás pueblos de España y deciros: "Allá os las entendáis vosotros como podáis con vuestros problemas", entonces sería otra cosa harto distinta; pero lo que queremos nosotros es precisamente todo lo contrario: estrechar los lazos de cordialidad y amor entre todos los pueblos ibéricos. No es cierto, pues, que pretendamos desinteresamos de los problemas de España, sino que comprendemos que tenemos que ir cordialmente unidos.

La realidad económica

»Tengo a orgullo el ser más liberal y demócrata que nadie, pero no quiere esto decir que, en pos de mis ideales, olvide las circunstancias presentes. Amo profundamente a mi pueblo y sueño con su transformación radical, pero no por eso pierdo pie en la realidad. Sé que la evolución no podrá hacerse tan rápidamente como quisiéramos y que tendremos que irla acompasando con el ritmo económico del país para no ocasionar daños irreparables. Ya sé que, aunque nuestro ideal primero es la cultura del pueblo, no podremos, de momento, construir todas las escuelas que son necesarias, sencillamente porque no tendremos dinero para ello; además de faltarnos dinero, nos faltarían maestros. Esto no se improvisa. Habremos de ir lentamente, pero con pie seguro y firme, por el camino trazado, sin que nada nos aparte.

La labor del nuevo Gobierno

»Expuesto, someramente, mi pensamiento sobre estos problemas generales, quiero hacer constar mi actitud ante las cuestiones políticas que se plantean en este momento.

Ya he dicho lo que pienso respecto a la aprobación del Estatuto por las Cortes. En cuanto a la parte económica del Estatuto, no creo que surja ninguna dificultad insuperable. Según está convenido, tres técnicos financieros del Gobierno y otros tres de Cataluña cifrarán las obligaciones y los derechos que de él se deriven y presentarán un dictamen a las Cortes como base de discusión.

»Acerca de la solución de la última crisis, mi pensamiento es el siguiente:

»En su tramitación se han advertido dos tendencias. El primer Gobierno que pretendió formar el señor Azaña representaba una de estas tendencias, que era la de realizar ante todo una obra de gobierno consolidadora de la República. De esta tendencia se excluía el propósito de continuar en los avances de la legislación social que pudieran producir cierto descontento y aun la enemistad declarada de algunas clases sociales con las que acaso sea indispensable contar hoy. Esta tendencia no pudo seguirse plenamente y por ello fracasó el primer intento de Azaña.

»En el Gobierno que se ha formado se acentúa más la otra tendencia, que es la de proseguir la obra emprendida; esto no quiere decir que este Gobierno sea socialista, porque predominan en él los elementos puramente republicanos, que han de mantener la otra tendencia.

»A mi juicio, este Gobierno tiene tres cosas concretas que abordar y resolver en el Parlamento. Estas tres cosas fundamentales son: los Presupuestos, el Estatuto y la ley Electoral. Estas tres leyes son indispensables.

»En cuanto a la ley Agraria, hay en ella algunas características que marcan una tendencia que yo considero francamente equivocada. Espero que el primitivo proyecto sea modificado en muchos puntos sustanciales.

»El actual Gobierno no puede caer sin haber aprobado esas tres cosas fundamentales: los Presupuestos, el Estatuto y la ley Electoral. Una vez logrado esto, entonces se hallará en libertad para modificar su constitución, para proponer la disolución de las Cortes o para lo que considere oportuno. Antes, no.

ADENDA:
EL VIAJE DEL PRESIDENTE
DE LA REPÚBLICA

LA GRAN PARADA DE LOS CAMPOS
Ahora, 29 de marzo de 1932

Apenas había entrado el tren presidencial en la faja verde
de la huerta, donde se asienta esta gran alquería que, según
Unamuno, es Murcia, los campos desérticos de donde ve-
níamos empezaron a poblarse; de pie sobre los bancales
esperaba, distribuida de trecho en trecho, una población
rural, en correcta formación de gran parada aldeana, como
no recuerdo haberla visto en ningún otro lugar de España,
país de grandes hormigueros urbanos y deshabitadas leja-
nías. En la plana de la huerta, millares de familias labrado-
ras, erguidas sobre los terrones, presentaban armas —aza-
dones o rastrillos— al paso del tren que conducía a S. E. el
Presidente de la República. Era de veras sorprendente esta
movilización de los huertanos que, en una extensión de
veinte o treinta kilómetros, aguardaban a pie firme el instante en que había de cruzar ante ellos, a ochenta por hora
y pitando estrepitosamente, un tren como todos los demás
trenes, con la sola esperanza de aprovechar ese fugitivo
instante para tremolar sus banderolas republicanas, o tirar
al aire sus sombreros, en homenaje o don Niceto Alcalá-
Zamora.

Nosotros, que vamos en el tren con don Niceto mismo, charlando con él y oyendo este su pintoresco ceceo

de buen hombre de pueblo, somos un poco sacristanes de esta liturgia republicana, y no nos explicamos del todo el fervor que en la gran población de los campos puede producir el paso de este buen señor con gafas de leguleyo y cara afable, de moro o de gitano. Pero es que para este pueblo que quería la República, la votó y la trajo, nuestro don Niceto se ha deshumanizado y no es ya el político de tal o cual significación, sino la auténtica Majestad de la República, el símbolo de un régimen largos años anhelado.

Yo recuerdo ahora, viendo estos campos de Murcia erizados de familias trabajadoras que se afanan por hacer productivas sus tierras, a unos centenares de familias murcianas con las que tropecé en los departamentos del Sur de Francia, Aude, Gard, Gironde, Rosellón, Hérault, adonde los pobres murcianos, echados de su tierra por la miseria, iban a ganarse el sustento trabajando penosamente —hombres, mujeres y niños— las viñas de los rentistas franceses, que llamaban para que les trabajasen sus tierras a estos jornaleros de Murcia. Aquellos millares de murcianos que todos los años se iban al Mediodía de Francia han vuelto ahora a su terruño. La vida en Francia es hoy difícil para el trabajador extranjero. Confían en que la República de España les permitirá a lo menos aquel bienestar que les permitía la República de Francia.

¿Qué tiene de extraño que, al pasar ante ellos la Majestad de la República, estos hombres que tantas ilusiones han puesto en ella se alcen sobre los terrones para decir al nuevo régimen: «¡Henos aquí a tu servicio!»?

Todo está ahora en que la República no les defraude más que lo puramente indispensable; en la defraudación que fatalmente existe siempre al hacerse realidad la ilusión. Pero nada más.

Cuando ya en Murcia el Jefe del Estado había sido apretujado y llevado en volandas por una masa gigantesca de 40 o 50000 delirantes que daban vivas a la República hasta enronquecer, y cuando ya se habían enrollado las 100 banderas republicanas que estremecieron la ciudad, han empezado a acercarse tímidamente a los ministros, a los diputados y a los periodistas unas comisiones de hombres sudorosos y polvorientos que torpemente, dando vueltas al sombrero entre sus manos, vienen a pasar la legítima factura del pueblo a la República.

—Trabajo; queremos trabajo —dicen—. La huerta es una pequeña parte de la provincia. El resto es secano que no da para comer. Queremos agua, puertos, caminos, obras públicas...

Aquí están los mineros de Mazarrón, los labradores de Lorca, Totana, Alhama y Águilas, para los que hace nueve años que no hay cosechas. Los regantes del Segura, con sus pleitos seculares...

Justicia social y trabajo. Es la letra a la vista que tiene que pagar la República. Y que —tengamos fe— ha de pagar puntualmente, porque es su único compromiso con el pueblo, más fuerte que todos esos compromisos de los partidos republicanos con sus prejuicios doctrinales y de los jefes con sus mesnadas. Prenda de buen pagador que da la República al pueblo es este hombre bueno, fundamentalmente bueno, que hoy viene aquí como símbolo de la Majestad de la República y que, alzándose por encima de todo partidismo, ajeno a toda lucha política, como si estuviese en una nube, va a estas horas por las calles de Murcia envuelto en muchedumbre y dándose por entero al pueblo, como garantía de la promesa de pan y paz que ha sido el nuevo régimen.

LECCIONES DE REPUBLICANISMO[1]
Ahora, 31 de marzo de 1932

CARTAGENA, 30 (5,30 t.). Este viaje de S. E. el Presidente de la República ha servido, primero, para poner en contacto a los hombres que amasaron el régimen, y hoy luchan por darle una coherencia y un sentido, con este Levante contradictorio y expresivo, con tracas espantosas y juegos florales dulzarrones, cartón pintado y flores naturales, mitología y caciques —que son ahora caciques radical-socialistas—, caras angelicales de Salzillo y anchas caderas, polvo, sol y pasión, este Levante que echa flores y serpentinas a la Guardia civil al mismo tiempo que discute por sistema a las autoridades.

El primer choque de esta concepción castellana de la República con el republicanismo periférico fue el discurso de don Miguel en los juegos florales de Murcia. Don Miguel de Unamuno fue a Murcia a cantar una elegía; la elegía de sus dos confesadas aspiraciones a la primera magistratura de la nación. Hubo un tiempo en que Unamuno iba a ser Presidente de la República. No lo ha sido y nada ha perdido con ello el país. Antes bien, ha ganado; ha ganado

---

1. El titular original del diario *Ahora* rezaba: «La estancia del presidente de la República en Cartagena».

por lo menos esta elegía honda que don Miguel se vino a hacer en Murcia, esta queja noble, este dolor austero, con tanta dignidad expresado que hay que llegar hasta las coplas de Jorge Manrique para encontrar una entonación trágica tan compatible con la categoría de hombre. No ha sido Presidente de la República don Miguel de Unamuno, pero su palabra seguirá sonando cuando se haya cerrado su boca para siempre y la lengua se le haya pegado al paladar tal y como él mismo anhela. He aquí una lección de apasionamiento ultraterreno en esta tierra de las pasiones terrenales.

La segunda lección de republicanismo que los hombres de la meseta dan a los del litoral ha estado a cargo de un levantino convertido a esta severa ordenación de principios que es Castilla; ha sido Marcelino Domingo, quien ha venido también a unos juegos florales levantinos a decir a estos hombres apasionados y violentos cuál debe ser la razón de su apasionamiento y su violencia republicana.

La tercera lección la ha dado el propio Presidente de la República. Todo Levante está hondamente dividido. Amigos del régimen y adversarios suyos. Todos a muerte. Acción nacional y *jabalíes.*[2]

---

2. Acción Nacional (Acción Popular desde abril de 1932) fue un partido confesional católico fundado tras la proclamación de la Segunda República. Liderado por Ángel Herrera Oria, primero, y por José María Gil-Robles, después, se convirtió en el germen de la futura Confederación Española de Derechas Autónomas (CEDA). En cuanto a los *jabalíes,* así eran conocidos un grupo de diputados de extrema izquierda que destacaron por su política antigubernamental durante ese periodo. El origen de este uso del término se halla en un discurso que Ortega y Gasset pronunció en el Congreso en julio de 1931, en el que dijo: «Hay, sobre todo, tres cosas que no podemos venir a hacer aquí: ni el payaso, ni el tenor, ni el jabalí».

Don Niceto visitaba esta mañana los talleres de la Constructora Naval. La Constructora Naval, como tantas otras empresas industriales en España, está recelosa con el régimen. Quieren acercarse y no se atreven. Exteriormente, todo el capitalismo español está al servicio del régimen; pero por debajo hay una corriente soterraña de desafecto y hostilidad, de miedo. Daba la bienvenida a S. E. el Presidente de la República en los talleres de la Constructora su presidente, don Juan Tomás Gandarias. Decir Gandarias es decir, no sólo la Constructora Naval, sino también los Altos Hornos, y el cemento, y las minas, y los bancos. Protocolariamente, de una manera puramente protocolaria, el capitalismo venía a ser cortés con la República. Pero nada más que cortés. Entonces, don Niceto ha intervenido con una clara y terminante intervención política; la única intervención política que al Jefe del Estado le está permitida constitucionalmente. La de ejercitar su fuerza de atracción para sumar al régimen aquellos elementos que se quedan fuera de la órbita de la vida nacional. Las palabras de S. E. el Presidente de la República dirigidas a este capitán de industria son acaso el sedante que más urgentemente necesita el país, sobre todo en este Levante duro, luchador, violento, donde la polémica no es sólo de clase contra clase y de doctrina contra doctrina, sino de pueblo contra pueblo, de barrio contra barrio y de hombre contra hombre.

Son estas tres lecciones ejemplares, la de Unamuno, la de Domingo y la de Alcalá-Zamora, la justificación de esta correría por Levante de los hombres qua amasaron la República en las tierras prudentes de Castilla.

EL PRESIDENTE EN LOS PUEBLOS[1]
Ahora, 7 de abril de 1932

Durante todo el viaje por Levante y Baleares, cada vez que la gran caravana de autos del séquito presidencial entraba en un pueblo, o al salir de él, don Niceto se sobresaltaba invariablemente:

—¡No *vayamo* a coger a un *chiquiyo!*

Su Excelencia no se ha acostumbrado todavía a esa impasibilidad con que los cortejos de los Jefes de Estado deben atravesar, hendiéndolas, a las multitudes. Pasa siempre con el alma en un hilo, por si un chiquillo se atraviesa, por si un caballo de la escolta se desmanda o un auto se despista. A la cabeza de su brillante séquito y rodeado de una muchedumbre que le aclama, don Niceto tiene siempre el aire apacible de un ciudadano cualquiera entre millares de ciudadanos. Repican a vuelo las campanas, suenan las charangas, presentan armas los soldados, estallan los cañonazos, clamorea el pueblo, se cuadran los generales aparatosamente y en medio de este gran espectáculo don Niceto avanza, con su bastón de hombre de provincias al brazo, con su sombrero flexible echado sobre la frente, su

---

1. El titular de *Ahora* iba acompañado del siguiente texto: «Crónica telefónica de nuestro enviado especial».

traje mal cortado y sus botas de cartera, para decir sencillamente: «Buenas tardes, señores. ¿Cómo están ustedes?», con la misma entonación cordial con que los campesinos de su tierra echan el «A la paz de Dios», con que se recibe a la buena gente.

Don Niceto no entiende de esto de la impasibilidad de que debe estar revestido un hombre-símbolo; no se explica cómo la majestad del cargo puede autorizarle para permanecer como si fuese de piedra mientras los demás le tributan honores. Si un torero le brinda un toro, don Niceto se pone de pie, se descubre, escucha el brindis, un poco avergonzado por el honor que se le hace, y da las gracias más rendidas con el ademán, con el gesto, con la actitud. En Murcia, al verificarse la recepción oficial, la primera autoridad que fue presentada a S. E. avanzó y le tendió la mano. El que vino detrás le imitó, y el otro, y el otro. Durante media hora el Jefe del Estado, sonriente y resignado, tuvo que abandonar su brazo para que se lo sacudieran a placer los centenares de burócratas y de representantes de las fuerzas vivas que figuraban en la recepción. Debió quedar derrengado.

Cuando llegábamos a un pueblo y los agentes de la autoridad, conteniendo a duras penas a la muchedumbre, abrían una estrecha calle para que pasase la comitiva, don Niceto, asustado ante la muralla humana, mandaba parar, echaba pie a tierra y allá iba, apretujado por los entusiastas que le llevaban y le traían a puros empujones. Una vez en Mallorca, el auto del Presidente cruzó de largo frente a un pueblo a cuyas puertas había salido, como en tantos otros, el vecindario en masa con el Ayuntamiento a la cabeza, para rendir homenaje a S. E. Los que íbamos detrás en la comitiva fuimos detenidos e interrogados por los aldeanos:

—¿Y el Presidente? ¿Dónde está el Presidente?

—Ha pasado ya —tuvimos que decirles.

La decepción de aquellos centenares de lugareños fue grande. Habían hecho un arco de follaje, habían alfombrado las calles y colgado los balcones, llevaban varias horas esperando…

Cuando veinte o treinta kilómetros más allá se lo contamos, don Niceto se puso muy triste. «¡Caramba! Nos estarían esperando. No podemos hacerles un feo».

Decía esto con la misma pena con que un amigo cortés podría decirlo de otro. Para don Niceto todos estos homenajes son cortesías entre amigos bien educados. Hizo dar media vuelta a la comitiva y regresar al pueblo por el que habíamos pasado de largo. Los vecinos se habían ido a sus casas malhumorados: «¡Bah! —decían—. El Presidente no se ha dignado detenerse un minuto. No le importaban nada nuestros aplausos ni nuestras colgaduras». El alcalde y los concejales se habían ido al Casino. Los niños de las escuelas, con sus delantales nítidos y sus banderolas, corrían libremente por el ejido, una vez rota la enojosa formación. Cuando el auto presidencial apareció en la plaza del pueblo nadie le esperaba ya. Pasaba una mujer con un cántaro a la cabeza. Don Niceto la llamó:

—¡Eh! ¡Eh, buena mujer! ¿No esperaban ustedes al presidente?

La noticia corrió de casa en casa como un reguero de pólvora. En unos minutos, el pueblo en masa rodeaba al Presidente, y jamás ha recibido ni recibirá un Jefe de Estado un homenaje tan ferviente como el de aquellos aldeanos, que cuando se creían desdeñados por la más alta representación del Estado, que pasaba veloz y soberbia en su potente auto, se encontraban con aquel buen señor que, humildemente, les pedía perdón por haber pasado sin verles.

ÍNDICE ONOMÁSTICO

ESTA PRIMERA EDICIÓN
DE «EL GOBIERNO DE LA REPÚBLICA»,
DE MANUEL CHAVES NOGALES,
SE TERMINÓ DE IMPRIMIR
EN BARCELONA
EN EL MES DE MARZO
DE 2026

TÍTULOS PUBLICADOS